LA CRÈCHE

ET

LA CROIX

POÉSIES

PAR

M. S. DAVID

PARIS

P. C. LEHUBY, LIBRAIRE-ÉDITEUR

RUE DE SEINE, 55

METZ

M. ALCAN, LIBRAIRE-ÉDITEUR

RUE DE LA CATHÉDRALE, 1

1856

LA CRÈCHE ET LA CROIX

METZ. — IMPRIMERIE M. ALCAN.

LA CRÈCHE

ET

LA CROIX

POÉSIES

PAR

M.-S. DAVID

PARIS
P. C. LEHUBY, LIBRAIRE-ÉDITEUR
RUE DE SEINE, 55

METZ
LIBRAIRIE DE M. ALCAN
RUE DE LA CATHÉDRALE

1856

AVEC APPROBATION

de

MONSEIGNEUR GALVANO

Évêque de Nice

A la Mémoire

DE

MONSEIGNEUR DOMINIQUE GALVANO

ÉVÊQUE DE NICE.

A vous
qui fûtes l'un
des princes les plus
zélés de l'Église d'Italie,
l'un des plus fermes appuis de la
vieille foi catholique et qui, non
seulement la défendiez par votre chaleureuse
éloquence, mais qui daigniez encore encourager ceux
dont la mission est de propager la vérité par le moyen des
arts et de la poésie, je dédiai, il y a deux années, les
premières **Légendes** *de ce recueil. Votre approbation*
précieuse, votre nom placé sur ces pages éphémères leur
portèrent bonheur. — Je me réjouissais à la pensée de
vous offrir un ouvrage complet; Dieu ne l'a pas voulu :
les pauvres qui formaient votre cortége ont perdu un père,
le clergé de Nice un modèle parfait du prélat et du
prêtre, et moi, le plus vénéré des protecteurs.
A vous qui êtes maintenant un Saint
après avoir été un apôtre, je
demande une prière et une
bénédiction pour le
livre que vous avez
vu naître.

M.-S. DAVID.

A MES LECTEURS

I

Il est une foi que rien ne peut effacer de nos cœurs: c'est celle de nos premières années, croyance naïve à laquelle nous fûmes initiés par la bouche de notre mère, et que nous avons apprise sur ses genoux. Dans ce temps, notre cœur, notre intelligence s'ouvraient aux récits miraculeux de la Bible et de l'Évangile: — Agar et son fils Ismaël perdus dans le désert; l'histoire attendrissante de Joseph; le voyage du jeune Tobie guidé par l'archange Raphaël; la sagesse précoce de Daniel confondant les Docteurs de la Loi; puis enfin la Vierge immaculée et Jésus enfant nous apparaissaient tantôt dans l'humble maison de Nazareth, tantôt à l'ombre d'un palmier ou entourés d'êtres souffrants qui leur devaient la consolation et la vie. Si jamais un culte a été plein de fraîcheur et de poésie, c'est celui de cette jeune femme toujours chaste, puissante et miséricordieuse, dominant la Religion chrétienne comme son symbole le plus encourageant et le plus pur. Ce Lys des vallées fleuri pour le Ciel, n'est-il pas le sujet le plus magnifique qui puisse inspirer nos poèmes?

Que de fois, tout petits enfants, nous nous sommes agenouillés devant un tableau représentant Marie calme, digne et souriante, contemplant les jeux de Jésus et du Précurseur. Comme nous baisions avec amour ses pieds nus et ses petites mains qui s'ouvraient pour nous bénir! Plus loin se tenait Joseph, dont les cheveux blancs nous rappelaient notre aïeul. Dans l'enfance du Christ, tout nous retraçait notre propre vie, depuis ses jeux jusqu'à ses pleurs, depuis sa mère jusqu'aux Anges qui entouraient son berceau. Nous pouvions nous dire qu'un des blancs Séraphins qui chantaient l'*In Excelsis* de la Crèche était debout à notre chevet; que les ailes qui avaient protégé le sommeil de Jésus étaient étendues sur notre front.

Lorsque les devoirs et les soucis de la vie pèsent sur nous, les images et les légendes de notre enfance s'effacent pour un temps... Plus tard, la douleur qui est au fond de toute chose, nous les rapporte comme une consolation. — Le symbole religieux change avec les années : ce n'est plus Jésus enfant ni Marie l'heureuse mère que notre prière implore... Nous adorons le Christ Consolateur, nous invoquons la Reine des martyrs! Nous retrouvons nos larmes dans leurs larmes, et la croix stygmatisée dans notre cœur!..

Mais avant que l'amertume des jours leur ait été révélée, il est des âmes innocentes, pleines de ferveur et d'enthousiasme qui ont besoin d'entendre chanter ce qu'elles éprouvent, et n'attendent peut-être que la manifestation de leur pensée pour se sentir au cœur le germe fécond d'une vocation nouvelle. Il est de petits enfants, semblables à ceux que le Christ bénissait, qui aiment à écouter parler d'un Dieu qui, par amour, se fit faible comme eux. Il est des jeunes filles qui recherchent les Légendes de l'âge d'or du christianisme; des hommes privilégiés qui sont restés enfants par le cœur; des femmes catholiques heureuses de trouver dans la glorification de Marie le symbole de l'élévation de la femme. — Pour tous ceux-là j'ai composé mon livre. — Les diverses Légendes en ont été écrites devant des tableaux de grands maîtres, sous le portique d'églises miraculeuses; les autres poésies en face d'un Crucifix!

*

II

L'image de Marie nous apparaît, dans les verrières du moyen âge, comme une fleur céleste inondée d'une limpide lumière. L'innocence l'enveloppe de son manteau d'azur ; la pureté de ses traits respire une grâce idéale, on y reconnaît tout ensemble la simplicité naïve de la fille des hommes et l'éminente sainteté de la mère d'un Dieu. — Toutes les nations l'ont appelée bienheureuse, comme elle l'avait prédit elle-même dans son cantique inspiré : l'enfance sourit à sa bonté touchante ; l'essaim timide des jeunes vierges cherche dans la solitude la trace embaumée de ses vertus ; Marie s'est faite l'amie du pauvre, la chaste sœur du jeune homme ; elle détache de la terre les pensées du vieillard ; le matelot l'invoque pendant la tempête ; le soldat se confie en Notre-Dame des Victoires. La jeune fille dans son scapulaire, le moine sous sa robe de bure, le guerrier sur sa lourde cuirasse, les rois à leurs couronnes, le pontife sur la tiare de Pierre, tous portent son image bénie. Elle domine tous les siècles et consacre toutes les renommées. Elle repose au fond de nos sanctuaires, elle décore le portail de nos cathédrales ; rose mystique elle s'épanouit sur la plus belle page du livre de Dante.

Quel pays n'a pas sa madone favorisée qu'entourent des *Ex-voto* pieux, que réjouissent des milliers de flambeaux, les parfums de l'encens et le concours des fidèles qui se pressent sous le péristyle du temple sacré? Les poétiques sanctuaires de Notre-Dame-du-Mont-Carmel; de Notre-Dame-des-Neiges, les aubépines fleuries de Châlons au milieu desquelles on trouva au XIIe siècle la statue qu'on y révère encore aujourd'hui; le rocher de Marseille que protège Notre-Dame-de-la-Garde; la colline de Lyon qui porte la flèche de Fourvières; le sanctuaire de Lorette privilégié entre tous, et où l'on peut baiser le seuil de la maison de Nazareth, sont le rendez-vous des âmes pieuses. L'anneau nuptial de Marie, son image peinte par Saint-Luc, ses fuseaux, son chaste linceul, forment les trésors des églises d'Italie. Et moi, humble pélerine qui ai eu le bonheur de prier à ces autels, de presser sur mes lèvres ces reliques sacrées, je viens apporter mon grain de sable à l'édifice de la gloire de Marie, en la suppliant de me pardonner ce pieux orgueil.

III

Il appartient à la religion chrétienne de s'élancer dans le monde invisible des esprits, d'en parcourir les régions mystérieuses, de rajeunir ses anciennes croyances, d'en réveiller les mystères. Sous l'empire du spiritualisme, qui est le fonds de l'Évangile, la muse catholique ouvre librement ses ailes, laissant sous ses pieds la poussière d'un sol qu'elle dédaigne et les vains bruits qui n'arrivent pas à son cœur. Elle va, par delà les nues, sonder l'avenir infini de la miséricorde; elle visite la terre bénie de la Judée; elle fait des haltes mystérieuses dans les endroits consacrés par les pas de Jésus et de Marie. Elle pénètre dans le sanctuaire de Dieu même, brise les sept sceaux du livre mystique, et penchée sur les bords du puits de l'abîme y fait tomber une parole d'espoir plus rafraîchissante que la goutte d'eau demandée au Lazare. Elle parcourt les routes des cieux dans un char de saphirs et d'émeraudes, traîné par des cygnes divins. Les fleurs de la pensée, les chants de l'inspiration naissent sous ses pas. Elle allume, pour l'intelligence, des astres dont notre soleil est une ombre. — La Muse chrétienne n'est pas une déesse, c'est un ange paré des triples attributs de la foi, de l'espérance et de la charité. — Assise sous les saules du Jourdain où pend la harpe des prophètes, elle s'appuie sur une ancre brisée, et réchauffant dans son sein la colombe qui apporta la paix à l'univers, elle lui offre le calice où rayonne le pain consacré dans la dernière cène. Un diadème retient sur son front une croix lumineuse, sa tunique bleue est le vêtement des martyrs, ses ailes sont d'un or incorruptible, et ses pieds reposent sur l'arc-en-ciel de l'alliance pacifique. Placée au dessus de ce globe, elle est entourée d'une paix inaltérable ; son sourire est grave, son regard bienveillant, sa parole persuasive; et lorsque sur la terre elle distingue dans un berceau un enfant qui doit recevoir les dons de la pensée, elle l'appelle doucement pour le fixer à sa suite. De tous les anges, la poésie chrétienne est celui qui approche le plus près de la divinité parcequ'il a pour mission d'inspirer des cantiques à sa gloire. Il veilla près de David repentant, mêla sa voix affligée aux plaintes de Job; pleura avec Jérémie ; consola Milton aveugle; inspira le Dante; ouvrit pour Klopstock les rives d'or du fleuve de la vie éternelle, et fit rêver à Soumet le nouveau calvaire de la Rédemption. Oh! que la Muse chrétienne a dépassé dans son vol la Muse païenne, cette sœur profane que l'homme a créée, grossière image de la Vierge céleste, et qui chante des plaisirs dont rougit la chaste Fille de Dieu!

Poètes chrétiens, retournons à la grande source du beau, du bon, du vrai! Les roses du vieux Parnasse sont depuis longtemps effeuillées et flétries, mais la couronne d'épines rayonne encore d'immortalité sous le sang qui l'inonda.

Paris, Jeudi Saint.

LA CRÈCHE ET LA CROIX

I

LA CRÈCHE ET LA CROIX

A Monseigneur Galvano

Envoi

Comme les tribus exilées,
Pleurant le temple et son autel,
Nos lyres par le deuil voilées
Jettent leurs soupirs vers le Ciel.

La Poésie et la Prière,
Ces deux Anges consolateurs,
Semblent abandonner la terre
Sourde à nos chants comme à nos pleurs.

Et si quelque harpe chrétienne
Vibre encore au nom du Seigneur,
La foule incrédule et païenne
S'éloigne avec un ris moqueur.

Qu'importe! pleins de confiance,
La main sur l'ancre du salut,
Forts d'une céleste espérance
Nous marchons droit à notre but.

Pour les nouveaux Dieux qu'il élève
L'enfer a de faibles secours;
La Vérité combat sans trêve,
Dagon retombera toujours.

Daignez fortifier notre âme,
Vous qui de près parlez à Dieu,
Vous qu'un zèle divin enflamme
Pour sa gloire et pour le saint lieu.

Bénissez ces chants que m'inspire
Celui qui vous transmit ses droits ;
Je ne ferai vibrer ma lyre
Que pour la Crèche et pour la Croix.

LE CREDO DE LA DOULEUR

Depuis le jour de ma naissance, je n'ai jamais été sans souffrir.

IMITATION.

II

LE CREDO DE LA DOULEUR

O Christ ! quand le méchant sourit de tes doctrines ,
Et du livre sacré disperse les lambeaux ,
Je t'adore en pleurant , roi couronné d'épines ,
Et je m'offre à ta place aux coups de tes bourreaux !

Je crois en toi, Seigneur, car la vie est amère...
La douleur te révèle à mon cœur ulcéré;
Quand je porte ma croix nierai-je ton Calvaire,
Et tes larmes de sang lorsque j'ai tant pleuré ?

Devant un Crucifix quand ma raison s'effraie
Je ne puis écarter le flambeau de la foi,
Mon cœur stygmatisé ressent la même plaie,
Et la douleur, ô Christ! me rapproche de toi!

Je fus aussi clouée au gibet de souffrance,
J'ai vidé jusqu'au fond le calice de fiel;
J'ai vu crouler l'amour, l'amitié, l'espérance,
Et je pourrais nier l'existence d'un ciel ?

Non! — tu dois partager ton bonheur et ta gloire
Entre tous les martyrs couronnés de douleurs,
Qui, couverts comme toi d'un manteau dérisoire,
Traversent le Cédron consacré par tes pleurs...

Seigneur, je crois en toi quand la douleur t'inonde,
Quand ton cœur défaillant se débat dans la mort,
Quand ton épaule plie à soutenir un monde
Si lourd d'iniquités qu'il trompe ton effort...

Je reconnais alors mes larmes dans tes larmes,
Nous partageons ensemble un calice infini...
Et comme toi brisée et le cœur plein d'alarmes
Je crie à Dieu : *lamma, lamma sabacthani.*

Je t'aime couronné d'un sanglant diadème,
Vêtu comme les fous, paré d'un vil manteau,
Et couvert de crachats, écrasé d'anathème,
Attaché sous les fouets à l'infâme poteau.

O Dieu martyr ! je crois à toutes tes tortures,
A ces clous dont tes pieds divins furent percés ;
A ton cœur entr'ouvert, à toutes tes blessures,
A l'éponge de fiel, à tant de pleurs versés !

Je crois à Madeleine à tes pieds gémissante ;
J'ai reçu comme toi le baiser de Judas ;
Je crois au repentir qui rend l'âme innocente,
Je crois au bon larron à qui tu pardonnas.

L'homme ne peut douter de l'heure expiatoire,
Il ne peut renier l'arbre aux sanglants rameaux,
Lui qui n'a si souvent que ses larmes à boire
Et qui, comme un proscrit, marche entre des tombeaux.

Non ! la croix n'est pas sœur de nos œuvres humaines ;
Cherchez dans votre cœur et vous l'y trouverez,
Le sang qui l'inonda coule encor dans nos veines,
La douleur rend la foi : — souffrez, et vous croirez !

Quatre mille ans on vit les peuples dans l'enfance
Des vices, des plaisirs former autant de dieux ;
Le Christ vint à son tour, épousa la souffrance,
Et nous légua la croix dans ses derniers adieux...

Tombez , marbres de Grèce et bronzes d'Italie !
Du grand Crucifié triomphe enfin le jour ,
Partageons pour la croix sa sublime folie ,
Des cœurs désespérés c'est le dernier amour...

LA VIERGE AU DÉSERT

III

LA VIERGE AU DÉSERT

Légende

Tout le jour, la chaleur orageuse et brûlante
Avait fait au désert présager la tourmente.
Le sable vers le soir roulait en vagues d'or;
La nature, sentant l'approche de l'orage,

Frissonnait de terreur. Dans leur antre sauvage
Tigres et léopards flairaient déjà la mort.
La Vierge traversait seule la plaine aride ,
L'amphore sur la tête, allant d'un pas rapide
Puiser de l'eau non loin des collines d'Endor.
Fille du Ciel , fuyez ! du côté de la source
Un énorme lion précipite sa course.....
Fuyez ! le monstre accourt l'œil hagard et sanglant.
Marie a vu de loin l'ennemi..... devinant,
A ses lèvres en feu d'où ruisselle l'écume,
Que l'ardeur de la soif l'irrite et le consume,
Elle plonge le vase au sein du puits profond,
Le retire plein d'eau, s'assied sur la margelle,
Et pose son amphore à terre devant elle.
Le lion altéré la rejoint d'un seul bond ;
Tout couvert de sueur, brûlant d'impatience,
Dans l'eau fraîche et limpide il s'abreuve à longs traits.

« Bois, mon noble animal, bois, mais en récompense,
« Si tu veux me payer du bien que je te fais ,
« Ne porte plus le deuil au bercail solitaire,
« Respecte la brebis du pauvre : en leur tanière
« Apprends à tes petits une égale douceur :
« La magnanimité sied bien à la grandeur. »

Tandis que du lion l'ardente soif s'étanche,
La Vierge sur son cou promène sa main blanche,
Le flatte de la voix, et le lion vaincu
Vient lui lécher les pieds aussitôt qu'il a bu.
D'un fier rugissement il ébranle la plaine :
Les hôtes des forêts se cachent effrayés.
La Vierge veut partir... Mais le vent se déchaîne
Et le sable envahit tous les sentiers frayés.
Dans cet instant l'orage éclate avec furie,
La nuit augmente encor le danger, et Marie
Répétait, le cœur plein d'un indicible effroi :
« Que Joseph et mon fils doivent trembler pour moi ! »
Elle pleure, elle prie, ... et la voix du tonnerre
Par de longs roulements répond à sa prière.
Le lion, qu'auprès d'elle enchaînait un bienfait,
Devine son angoisse et d'un œil satisfait
La regarde, saisit le bord de sa tunique,
La précède, et dompté par un pouvoir magique,
A travers la tempête il dirige ses pas :
Souverain du désert il connaît ses états !
Et fier il la ramène à la pauvre chaumière

*

Où sa vue a bientôt dissipé la frayeur.
Joseph de ce retour rend grâces au Seigneur,
Jésus par ses baisers vient rassurer sa mère.
Il écoute attentif, assis sur ses genoux,
L'histoire du lion, et se montre jaloux
De lui prouver sa joie et sa reconnaissance;
Pour jouer avec lui sur son dos il s'élance,
De ses bras enfantins il lui fait un collier;
Mêlant ses blonds cheveux à la fauve crinière
Il commande en riant au docile coursier.
Puis, d'un air grave et doux, l'Enfant dit à sa mère :

« Plus tard, dans l'Univers à ta voix consolé
« Epanchant des trésors de tendresse éternelle,
« Et foulant sous tes pieds un front d'ange rebelle,
« Ainsi que ce lion par ta voix muselé
« Tu verras le pécheur s'abriter sous ton aile,
« Le front dans la poussière implorant son pardon,
« Bénir et proclamer le pouvoir de ton nom. »

LA CHARITÉ

IV

LA CHARITÉ

Enfants dont la joue a toutes ses roses,
Vous qui ne savez qu'aimer et chanter,
Dont le front jamais n'eut de plis moroses,
Vous dont l'âme est pure, Anges du foyer;

Tandis que joyeux, vifs comme l'abeille,
Vous trouvez partout du miel et des fleurs,
Songez que souvent le pauvre s'éveille
Sans savoir où prendre un pain de douleurs...

Qu'il est des enfants sans toit et sans mère,
Frileux roitelets tombés de leurs nids,
Dont la voix ne dit qu'une plainte amère,
Qui marchent pieds nus, sans pain, sans habits.
Et lorsque le vent tourbillonne et gronde
N'ont jamais de feu pour se réjouir...
Pauvres parias repoussés du monde,
Pour qui le bonheur ne doit point fleurir.

Vite, entre leurs mains portez votre offrande;
Apaisez leur faim et calmez leurs cris...
Comme les oiseaux, chacun ne demande
Que l'eau de la source et quelques épis.
Si près de vous passe une pauvre femme
Qui vous dit : — mon fils a froid au berceau...
Écoutez ce que vous répond votre âme,
Donnez la moitié de votre manteau !

Oui, donnez... l'aumône est un lis sans tache
Qu'aux pieds du Seigneur porte Gabriel.
C'est un diamant que votre ange attache
Aux couronnes d'or qu'il vous garde au Ciel.
Et le Séraphin qui le soir se penche
Sur votre berceau pour vous endormir,
Dans un rêve éclos sous son aile blanche
Vous montrera ceux qui vont vous bénir...

A l'heure où la mort clora vos paupières,
Pour vous recevoir aux portes du Ciel,
Les pauvres viendront, et par leurs prières
Fléchiront pour vous le juge éternel.
Tout passe ici-bas, hors la jouissance
Que nous laisse au cœur le bien répandu,
Tout peut nous manquer : bonheur, espérance!
Et seul, un bienfait n'est jamais perdu...

LES DEUX LARRONS

V

LES DEUX LARRONS

Légende

I

Quels sont ces fugitifs qui, sur la route obscure
Veulent en vain presser leur tardive monture ?
Ils jettent autour d'eux des regards éperdus ;
Est-il donc sur leurs fronts des glaives suspendus ?

Seraient-ils criminels, fuiraient-ils la lumière
Pour cacher des forfaits ?

— C'est une jeune mère
Qui dérobant son fils à la main du bourreau,
Aux champs Egyptiens va cacher un berceau.
Des maîtres de Juda c'est la dernière fille ;
Elle est du saint vieillard la joie et la famille ;
Et, gardien vigilant, c'est lui qui dans la nuit
A travers des chemins inconnus la conduit.
Tout à coup, dans le bois perçant l'épaisse brume,
Un flambeau résineux comme un signal s'allume ;
Un appel retentit ; — on parle bas... vers eux
Sélancent deux brigands à l'œil audacieux.
L'un arrache des bras de la mère éplorée
Son fils qu'elle défend d'une main égarée,
L'autre crie : — il nous faut des bijoux et de l'or !
Les Mages ont pour vous épuisé leur trésor,
Nous guettions dès longtemps une si riche proie !
La Vierge répondit : — nous avons avec joie
Distribué leurs dons à plus pauvres que nous,
Il ne nous reste rien... — L'enfant paiera pour vous !
Point de grâce. De l'or, ou tremblez ! cette lame
N'a jamais reculé devant des cris de femme :

Demandez à Rachel qui pleure dans Rama
Combien de nouveaux-nés ce poignard immola !
Nos seuls biens sont en Dieu, de nos jours il dispose...
Mais le salut des Juifs sur cet enfant repose,
Respectez-le ! du mal que vous avez commis
Le ciel vous absoudra si l'on me rend mon fils !
Le plus jeune s'émeut : — Epargnons-nous un crime,
Ils sont trop malheureux. — qu'ils payent une dîme
Ou je garde l'Enfant ! — Pour sa rançon, voilà
Trente deniers ; Gesmas dont l'œil étincela
Tendit la main... Alors, s'avançant vers Marie,
L'autre lui rend Jésus. Son âme est attendrie,
Il baisse devant lui des yeux mouillés de pleurs :
— Pardonnez-moi, dit-il, ô pauvres voyageurs !
Mon repentir implore une entière indulgence ;
Ne me refusez pas, un orage commence,
Venez dans ma cabane et partagez mon pain.
Le patriarche dit : — Dieu ne fait rien en vain.
Entrons ! — Quatre palmiers ornés de leur feuillage,
Et des parois de jonc composaient l'hermitage ;
Auprès d'un feu joyeux Dismas les fait asseoir ;
Il choisit un agneau pour le repas du soir ;
Sert un rayon de miel sur des feuilles d'érable ;
Et debout, attentif, de sa modeste table
Leur partage les dons, les contemple, et leur dit :

— Cet adorable Enfant malgré moi m'attendrit...
Pour la première fois je rougis de nos crimes ;
Mes remords du passé mesurent les abîmes ;
Où cacher maintenant ma honte et mes forfaits ?..
— Nous ne voulons, ici, songer qu'à tes bienfaits,
Dit Marie, en prenant Jésus sous ta défense,
Tu t'es acquis des droits à sa reconnaissance,
Il te la prouvera. — le jour luit, nous partons ;
Adieu !

Comme ils passaient Dismas vit sur leurs fronts
Jouer les rayons d'or d'une sainte auréole.
Et gardant en son cœur leur dernière parole,
Comme les Mages-Rois dont il vient de parler,
Il murmura : Hérode a raison de trembler...

II

Or, six lustres plus tard la main de la justice
Elevait des gibets pour un triple supplice.
Sur l'un d'eux, tout sanglant, le coupable Dismas
Sentait déjà monter les sueurs du trépas ;
Sa souffrance tordait son cœur dans sa poitrine....

Levant son front meurtri que déchire l'épine,
Un autre condamné qu'on abreuve de fiel
Regarde tour à tour et sa mère et le Ciel.
Puis, jetant un grand cri : « j'ai soif! dit-il, à boire !.. »
Dismas ouvre des yeux éteints. — dans sa mémoire
L'éclair d'un souvenir lui montre vers Memphis
Un vieillard vénérable, une femme, son fils,
Attaqués par les siens, puis devenus ses hôtes,
Lui promettre l'oubli de ses nombreuses fautes.
Il reconnait un Dieu, dans l'homme de douleurs
Et pour le consoler des cris blasphémateurs :
« Jésus! dit-il, Jésus! il ajouta : j'espère...

Et le Christ répondit : — dans le sein de mon père,
Avant la fin du jour tu seras avec moi,
Tes péchés sont lavés par un acte de foi.
Je n'ai point oublié que les pleurs de ma mère
Ont jadis attendri ton âme, à sa prière.
Pour les trente deniers qui furent ma rançon
Et que Judas comptait hier.... de mon pardon
Reçois en ce moment la céleste assurance.
Pour moi, le repentir vaut mieux que l'innocence!

L'ANGE QUE J'ATTENDS

Enfant, déjà tu aspires au terme,
sois tranquille, Dieu t'y conduira.
LAMENNAIS.

VI

L'ANGE QUE J'ATTENDS

On m'a dit que dans mon enfance
Un ange veillait près de moi,
Pour défendre mon innocence
Et m'expliquer la sainte loi;

Que mon âme simple et fidèle,
Vers les cieux suivant son essor
S'abritait alors sous son aile...
Mais l'Ange que j'attends ne paraît pas encor !

Plus tard m'apparut l'Espérance
Sur une ancre appuyant sa main ,
Semant des fleurs en abondance
Pour rendre plus doux mon chemin.
Me montrant avec un sourire
Des arbres chargés de fruits d'or ,
Elle encourageait mon délire....
Mais l'Ange que j'attends ne paraît pas encor !

La Gloire, au front ceint d'immortelles ,
Ange des cœurs ambitieux,
Me choisit parmi les mortelles
Et m'apprit les concerts des Cieux :
Je chantai les Arts , la Patrie !
Le succès trompa mon effort ,
Je retombai triste et meurtrie...
Et l'Ange que j'attends ne paraît pas encor !

Du combat mon âme est lassée...
Ces Anges ont fui tour à tour,
Laissant au fond de ma pensée
Le besoin d'un dernier amour...
J'ai goûté toutes les délices,
Rien n'a rendu mon cœur plus fort;
Je veux boire à d'autres calices...
Mais l'Ange que j'attends ne paraît pas encor!

Viens, suave et pâle figure!
Couronne-toi de tes cyprès
Dans tes bras une âme s'épure,
Viens! que dis-je? voilà ses traits:
Je reconnais son aile noire,
Ses yeux me désignent le port,
Mon âme monte dans la gloire...
L'Ange que j'attendais, c'est l'Ange de la mort!

LE SOMMEIL DE JÉSUS ENFANT

VII

LE SOMMEIL DE JÉSUS ENFANT

Légende écrite devant le Tableau de l'Albane

Le Christ à Nazareth, aux jours de son enfance,
Jouait avec la croix, symbole de sa mort.

Marie, heureuse et calme au sein de l'indigence,
Travaillait un matin, Jésus dormait encor ;

Elle filait pour lui cette robe divine,
Qui devait se rougir du sang de sa poitrine,
Quand le juif l'arracha pour la jeter au sort.
Mais la mère, à cette heure, était toute à la joie
De contempler Jésus couché dans son berceau.
Rien ne présage encor la douloureuse voie
Qu'il parcourra plus tard. Le présent est si beau,
Que ce petit enfant lui cache la victime
Dont les bras s'étendront sur l'ingrate Solyme,
Et qui prépare au monde un avenir nouveau.

Dormez, Jésus, dormez; la nature elle même
Fait silence, et l'oiseau n'a pas quitté son nid;
La brise mollement dans l'olivier qu'elle aime,
N'ose jouer qu'à petit bruit.
La palme du Jourdain sur l'onde est immobile;
La barque au sein des flots trace un sillon tranquille;
Le jour semble jaloux de prolonger la nuit.

Et tandis que Marie active, industrieuse,
Tisse avec la navette une trame soyeuse,

Jésus s'éveille, il rit, lui tend des bras joyeux,
Se lève, et la prière accompagne ses jeux.
Dans l'atelier modeste où la Vierge travaille,
Les outils de Joseph pendaient à la muraille;
Jésus avec effort soulève un lourd marteau,
Une planche de cèdre, et prenant un ciseau,
Debout, le front pensif, il essaye, il médite,
Lime, enfonce des clous; mais ses doigts vont trop vite;
Il se blesse, le sang coule et rougit le bois,
Ce bois qui représente, ô mystère! une croix!
Emmanuel succombe à sa douleur première,
Jette un cri, sur la croix se couche, et vers sa mère
Envoyant un soupir plein d'ineffable amour:
Hélas! dit-il, combien vous souffrirez un jour!..
Puis le front de l'enfant sur son bras se repose,
L'agneau divin s'endort.... à sa paupière close
Une larme tremblait. La Vierge le serra
Sur son cœur, et Dieu sut tout ce qu'elle endura...
La tunique échappa de sa main agitée,
D'une goutte de sang elle fut humectée.
Marie en ce moment entrevit le Thabor,
Le drame du Calvaire et notre délivrance!

C'est ainsi que le Christ, aux jours de son enfance,
S'endormit sur la croix, symbole de sa mort.

LE FIL DE LA VIERGE

VIII

LE FIL DE LA VIERGE

A MA MÈRE.

Comme il sont argentés tes cheveux, ô ma mère !
Fins anneaux que l'ébène eut enviés naguère,
Voile de jais tombant de ton front jusqu'à nous,
Tandis que nous dormions petits sur tes genoux.
Comme ils sont argentés tes cheveux, ô ma mère !

De l'hiver de tes jours est-ce déjà la neige ?
Le Ciel envierait-il l'ange qui nous protège ?
Des berceaux aux cercueils de tes jeunes enfants,
On a vu fleur à fleur s'effeuiller ton printemps.
De l'hiver de tes jours est-ce déjà la neige ?

Oh ! non, la Vierge aura filé dans tes cheveux.
Venue un soir du Ciel pour recueillir tes vœux,
Aux pieds du Crucifix te voyant endormie,
La Vierge près de toi veilla comme une amie,
Et par mégarde elle a filé dans tes cheveux.

LA ROSE DU CALVAIRE

IX

LA ROSE DU CALVAIRE

Légende

Dans un moulin agreste, éloigné de Memphis
De deux stades, Marie avait conduit son fils.
Le givre blanchissait le pampre sur les portes ;
On était en hiver, les roses étaient mortes.

Une seule entr'ouvrait son calice vermeil
Sous les pâles rayons que versait le soleil ;
Jésus la désigna du regard à sa mère.
De l'arbuste épineux cueillant la fleur dernière,
La Vierge la tendit à son fils ; et l'Enfant
Pour la remercier lui sourit doucement ;
Or la magique fleur pour payer ce sourire
S'épanouit soudain... Emmanuel soupire,
Il la montre à Marie en détournant les yeux,
Car sur chaque pétale, en traits mystérieux,
Etaient gravés des clous, une branche d'épine,
Un voile rayonnant d'une image divine,
Des roseaux enlacés, une lance, une croix,
Et la tige portait ces mots : au Roi des rois !

Jésus dans un baiser but les pleurs de sa mère,
Et nomma cette fleur la rose du Calvaire.

LA SIBYLLE

X

LA SIBYLLE

Légende

Depuis trois jours un mal secret rongeait Auguste,
Venait-il donc de rendre un jugement injuste ?
Voulait-il ajouter un autre empire au sien ?
Non ; — Octave rêvait un autel Olympien !

Ce n'était plus assez de louanges vénales,
Il lui fallait l'encens des pieuses vestales.
Le Sénat qui l'adule, hier a proposé
Que dans un Panthéon il soit divinisé.
Le prince hésite encor. — seul dans la grande salle
Qui porte jusqu'au ciel sa voûte colossale,
Et dont chaque colonne est faite avec l'airain
Des dépouilles d'Actium, il se tourmente en vain,
Marche, parle à voix basse :— « un laurier pour couronne,
« C'est trop peu! dans un temple il faut placer mon trône.
« Le peuple, en écoutant mes ordres souverains,
« Y verra la grandeur de préceptes divins;
« Mes prêtres complaisants diront à l'ignorance,
« Que son pontife roi, du ciel tient sa puissance !
Il se tait; résolu de s'égaler aux dieux,
Il attend la Sibylle. — Elle entre; dans ses yeux
Se peint l'étonnement, le trouble de son âme.
De sa lampe mourante elle active la flamme,
Lève son voile noir, et dit à l'Empereur:
— Tu veux, d'après l'avis d'un peuple adulateur
Savoir si le premier en puissance, en mérite,
Tu peux monter au rang où ton orgueil t'invite.
Hier, j'ai consulté l'oracle, mais en vain...
Le brasier s'éteignait sur le trépied divin;
La caverne tremblait sous les coups de l'orage;

Une froide sueur inondait mon visage ;
Quand je me réveillai d'un douloureux sommeil,
Un nuage sanglant me cachait le soleil.
L'exiges-tu ? ce soir j'évoquerai les ombres,
Elles merépondront de leurs abîmes sombres,
Et mesurant ta gloire à celle du passé
Diront par quel mortel tu peux être éclipsé.
Auguste dit : j'attends. — d'une voix sépulcrale
Son incantation résonne dans la salle.
La Sibylle debout et les cheveux épars
S'écrie : ô reine ! ô Rome ! ô fille des Césars !
« Courbe ton front devant une pauvre bourgade ;
« Il est minuit... je vois sous leur tente nomade
« Les pasteurs se chercher... puis, un astre nouveau
« Les guide pleins de joie à côté d'un berceau.
« Jésus naît ! c'est ton roi, c'est ton sauveur, ô Rome !
« Abaisse ton orgueil devant le Fils de l'homme.
« Voilà ton maître, Octave ! et dans tout l'univers
« Il étendra ses lois et brisera des fers.
« Poursuivi, bafoué, vendu... par son supplice
« Il fondera l'Église et sa sainte milice.
« Il aura pour amis douze pauvres pêcheurs
« Qui le glorifieront au milieu des douleurs.
« Un Empereur romain choisira pour bannière
« Le gibet infamant dressé sur le Calvaire !

« Auguste, je ne puis rien ajouter... le dieu
« Qui m'inspirait jadis sur les trépieds en feu
« Se tait... l'Eternité pèse sur mon silence. »
— Je ne dispute point la suprême puissance,
Dit Octave rêveur. — Et la Sibylle en deuil
Disparut en semant des cendres sur le seuil.

Près de la tour d'Eder, sous un chaume modeste,
Où l'étoile jetait une clarté céleste,
Le Christ, à cet instant, par un cri de douleur
Venait de révéler au monde un rédempteur.

LES LARMES

XI

LES LARMES

Quand je vois le méchant sourire,
Des larmes humectent mes yeux,
Et je suis tenté de lui dire :
Vous êtes donc bien malheureux !

Car le sourire est un mensonge,
Comme le bonheur est un songe
Dont on se réveille toujours...
Gloire, fortune, amour, génie,
Sont les rêves de notre vie,
Et tous les rêves sont si courts!

L'espoir aux ailes vaporeuses
S'évanouit à nos regards,
Comme les traces lumineuses
D'astres éteints dans les brouillards.
La douleur, fidèle compagne,
Sans se lasser nous accompagne
De l'enfance jusqu'au tombeau;
Quand une blessure est fermée,
Du poignard dont elle est armée
Elle nous frappe de nouveau.

Elle tient levé sur nos têtes
Le glaive aigu de Damoclès;
Convive moqueur de nos fêtes,

Elle préside à nos banquets ;
De son bras renverse les trônes ,
Jette les sceptres , les couronnes ,
A des enfants émerveillés ;
Et sur les débris des royaumes
S'assied ainsi que sous les chaumes
Des pauvres qu'elle a réveillés...

La douleur est un maître austère
Qui sous son joug courbe les rois.
Elle est vieille comme la terre ,
C'est de Dieu qu'elle tient ses droits !
Il en a reconnu l'empire :
Sous le baptême du martyre
Il courba son front innocent ,
Et Longin du fer de son arme
Fit couler sa dernière larme ,
Sa dernière goutte de sang...

Le Christ n'a pas béni les hommes
Qui, présidant de longs festins ,

Semblent oublier que nous sommes
Destinés à de grandes fins!
Il a dit : heureux ceux qui pleurent !
Avec eux mes anges demeurent
Sur un nouveau Gethsémani ;
Heureux ceux que la faim dévore !
Heureux ceux dont la voix implore
Ma justice au règne infini !

Montez au jardin des Olives
Où Pierre et Jean sont endormis ;
Approchez-vous, âmes craintives,
D'un sauveur qui n'a plus d'amis...
Ce n'est pas le Dieu de la gloire,
Ni le maître de la victoire
Ce n'est pas le Dieu de Jacob ;
C'est le martyr qui se dévoue
Et vient s'étendre sur la roue,
C'est le consolateur de Job.

Le Dieu des femmes affligées,
Des orphelins, des exilés,

Des âmes lourdement chargées,
Des cœurs que nul n'a consolés ;
Des peuples las de l'esclavage,
Du Lazare accablé d'outrage,
Et qui vainement tend la main ;
Des mères pleurant sur les langes
D'où se sont envolés leurs anges,
De l'homme au terme du chemin.

Oh ! la grande famille humaine
Peut se donner un rendez-vous
Sur le Calvaire, où Dieu nous mène
Afin de nous consoler tous...
Il nous frappe, car il nous aime !
Il veut nous voir comme lui-même
Transfigurés par nos douleurs ;
Il nous reconnaît à ses plaies,
Et lorsque nos larmes sont vraies
Il les pèse au poids de ses pleurs...

Tombez sur nous, céleste pluie
Des larmes que versa Jésus...

*

Tombez! que notre bouche essuie
Ces pleurs sur nos maux répandus.
Seigneur choisissez vos victimes,
Dans votre sang lavez nos crimes,
Et ce long exil expiré,
Que les Anges de l'agonie
Vous disent : « — donnez-leur la vie,
Seigneur, ils ont beaucoup pleuré !...

L'ÉPI DE LA VIERGE

XII

L'ÉPI DE LA VIERGE

Légende

C'était au mois brûlant où l'épi se moissonne,
Où la grappe promet la vendange d'automne,
Où partout l'abondance est le prix du travail.
De grands troupeaux paissaient à côté du bercail,

Et dans les champs remplis d'épis mûrs et superbes
De nombreux laboureurs avaient lié leurs gerbes.
L'humble Marie accourt dès l'aurore, glaner
Pour celui qui permet qu'on puisse moissonner.
A ses côtés marchait une jeune étrangère,
Aussi pauvre que Ruth, comme elle ayant sa mère.
Marie en la voyant se sent le cœur touché.
« Vous avez, mon enfant quelque chagrin caché ;
Versez-le dans mon sein... souvent la confiance
Allége la moitié d'une amère souffrance.
Quelqu'un vous attend-il? » — dans son pauvre logis
Ma mère pleure et souffre... et ces maigres épis
Pour le repas d'un jour ne pourront nous suffire...
La Vierge la regarde avec un doux sourire:
— Allez! prenez ce grain, et dans la paix du cœur,
Endormez-vous ce soir en louant le Seigneur!
L'étrangère s'éloigne; entre ses mains heureuses
Elle voit centupler les gerbes merveilleuses,
Et rentrant sous son toit, elle dit comme Ruth:
— « Dieu nous envoie un jour de grâce et de salut! »

La Vierge dans le champ reprend son humble place.
De petits passereaux voletant sur sa trace

Viennent lui demander leur part de sa moisson.
La nuit vient; elle quitte à regret lé sillon.

A l'angle du chemin, l'aveugle Bartimée
Attendait vainement l'aumône accoutumée;
On passe sans l'entendre, et le vieillard sourit
D'un sourire où l'on voit le désespoir écrit.
Il reconnaît la Vierge à son pas; il se lève.
— C'est vous, dit-il, Marie! hélas! ce jour s'achève
Sans une goutte d'eau, sans un morceau de pain...
— « Prenez ce blé, dit-elle, espérez! à demain! »
Elle partage encor sa gerbe si petite...
Heureuse d'un bienfait elle marche plus vite.
Quel est cet orphelin qui s'attache à ses pas?
Pauvre, faible, souffrant, il l'implore tout bas.
La Vierge d'un baiser dissipe ses alarmes :
« Viens, tu verras Jésus! il sèchera tes larmes...
Je n'ai plus rien! le ciel y daignera pourvoir :
Le messager d'Elie est en route ce soir! —
Jésus qui l'aperçoit de loin, court vers Marie.
« Mère, s'écria-t-il, ta journée est remplie!
« Pourquoi donc devant moi baisser ainsi tes yeux?
« Ne sont-ils pas plus doux que l'azur de mes Cieux!

« Bartimée a béni ta sainte bienfaisance;
« La veuve Mohabite a connu l'abondance,
« Et cet enfant perdu dans un triste chemin
« Sous votre pauvre toit partagera le pain.
« Ce soir, de mes trésors je veux être prodigue!
« Mon père va rentrer, accablé de fatigue;
« A moi, les moissonneurs des célestes épis! »

Et soudain, s'envolant des champs du Paradis,
Les Anges à sa voix descendent sur la terre.
Une clarté soudaine a rempli la chaumière,
De fleurs d'arthémitha les murs sont recouverts;
On entend moduler de célestes concerts.
Du froment des élus la plus pure farine
Emplit une corbeille; une liqueur divine
Plus douce mille fois que celle d'Engaddi
Ecume dans l'amphore; et le toit agrandi
Au milieu de l'éther profond comme les ondes
Laisse voir des milliers de jeunes têtes blondes.

Joseph arrive; il pose à terre un sac aigu
Et demeure ébloui de tout ce qu'il a vu.

Jésus vient caresser sa barbe vénérable.
Les anges en chantant couvrent leur humble table
De purs gâteaux de miel, de fleurs, de vin, de fruits,
Et Jésus, choisissant le plus beau des épis,
Appelle Gabriel : « — Qu'on en fasse une étoile,
« Dit-il, qu'elle rayonne et se montre sans voile.
« Que tous, le matelot, l'enfant, le voyageur,
« Renaissent à l'espoir sous sa douce lueur.
« D'un ange nouveau-né qu'elle soit la patrie,
« Je veux éterniser l'aumône de Marie !
« Jésus baisa le front du petit orphelin :
« — Va revêtir au ciel l'incorruptible lin,
« Et les ailes d'azur de ceux que je préfère,
« Ame sainte ! ici-bas que ferais-tu sans mère ?
« Le plus doux des instants est celui du trépas,
« Endors-toi pour toujours.. endors-toi dans mes bras.. »

Six chérubins ardents portèrent sur leur aile
L'angélique gardien de l'étoile nouvelle.
Des Mages d'Orient l'astre brilla plus pur,
Et l'Epi de la Vierge illumina l'azur.

UN COMPAGNON

XIII

UN COMPAGNON

A l'heure où sur notre berceau
La vie allume son flambeau,
Et de fleurs parsème nos voies,
Près de nous un enfant des Cieux

Aux aîles blanches, aux yeux bleus,
Vient sourire à toutes nos joies.

Son visage est comme un miroir
Où l'âme chaste aime à se voir;
Avec nous le matin il prie....
Il nous suit dans les verts sillons,
Dore l'aîle des papillons
Et cueille des lis pour Marie.

Puis, lorsque nous avons quinze ans,
Et que l'étude sur les bancs
Nous tient assis de longues heures,
Un adolescent gracieux
Dans notre livre suit des yeux
Pour rendre nos leçons meilleures.

Au temps où l'on croit au bonheur,
Son front se couvre de rougeur

Si nous poursuivons un fantôme;
Et des plis de son manteau bleu
Il se voile, lorsque de Dieu,
A vil prix on vend le royaume...

Il nous dit: « Tout ment ici-bas!
» N'attendez point que le trépas
» Vous donne sa clarté funeste.
» Soyez comme le lis des champs
» Parmi l'ivraie, et des méchants
» Vous défendra mon bras céleste.

Si la mort frappe autour de nous,
Que près d'une tombe à genoux,
En vain nous appelions un père...
Ainsi qu'un orphelin en deuil
Il s'assied auprès du cercueil,
Et des pleurs mouillent sa paupière.

Partout, dans les temples sacrés,
Dans les bois sombres, dans les prés,

Où l'on espère, où l'on soupire !
Image où revit notre cœur,
Montrant sa joie ou sa douleur,
Il chante ou pleure sur sa lyre.

Qui donc est-il? entre ses bras
Le mourant sourit au trépas
En bénissant sa délivrance.
De la terre au ciel doux lien,
On le nomme l'Ange-Gardien,
Messager de la Providence.

LES ANGES DE BETHLÉEM

XIV

LES ANGES DE BETHLÉEM

Légende

Tandis qu'à Bethléem se pressaient les pasteurs
Pour adorer Jésus endormi dans ses langes,
Voici ce que chantaient les anges,
En effeuillant sur lui leurs corbeilles de fleurs.

I

Il pleure, Emmanuel, dans les bras de sa mère !
Regrette-t-il les cieux et l'amour de son père ?
Un si petit enfant peut-il déjà souffrir ?
Sait-il que sur le front devant qui tout s'incline
Les juifs mettront un jour la couronne d'épine,
Que s'il grandit, hélas ! ce n'est que pour mourir ?

II

Il pleure.... O doux Jésus ! c'est assez d'une larme,
Dieu s'en contentera, sa bonté le désarme,
Revenez au milieu de vos blancs Séraphins.
Mais l'ange de la mort en cet instant déchire
Le rideau qui voilait les jours de son martyre,
Et Jésus voit briller un glaive entre ses mains.

III

Il voit se dérouler la pompe dérisoire
Qui l'accompagnera jusqu'au seuil du Prétoire ;
Le Calice et la Croix épouvantent ses yeux.
Le Christ a reconnu, debout sur le Calvaire,
Seule, avec des bourreaux, une femme..... sa mère !
Il prie..., hélas ! sa voix n'arrive plus aux Cieux.

IV

O Maître ! ce n'est pas la couronne d'épine,
La robe d'insensé, le fiel qu'on te destine
Qui font couler tes pleurs..... l'angoisse où je te vois
Est de penser que l'homme à ton heure suprême,
Riant de tes tourments, saluera d'un blasphème
Ton sceptre de roseaux, et jusques à ta Croix !

V

Quand les flots de ton sang auront lavé leur âme,
Il en est qui crieront plus tard : *à bas l'infâme !*
Et leurs iniquités ajoutant à tes maux,
Près de ces fils ingrats, devenus parricides,
Tu trouveras, ô Christ ! que les Juifs déïcides
Furent bien moins cruels..... ils n'étaient que bourreaux.

Tandis qu'à Bethléem se pressaient les pasteurs,
Pour adorer Jésus, endormi dans ses langes,
Voilà ce que chantaient les anges,
En effeuillant sur lui leurs corbeilles de fleurs.

PORTRAIT DE MARIE

XV

PORTRAIT DE MARIE

Marie ! ah ! qui peindra cette beauté céleste !
Ce front environné d'une pudeur modeste,
Cette grâce timide et chaste, dont le cœur
Gardait un souvenir pur comme sa candeur.

*

Qui rendra ces yeux bleus, miroir de l'innocence;
De ce profil divin la pure transparence?
Les roses de Sâarons répandaient leurs parfums
Sur les anneaux légers de ses longs cheveux bruns,
Dont les boucles flottaient sous l'azur de ses voiles.
Ses regards caressants avaient pris aux étoiles
De leurs plus doux rayons les célestes lueurs;
Les gouttes de rosée avaient formé ses pleurs.
Sur sa bouche régnait un paisible sourire,
Son haleine embaumait comme un bouquet de myrrhe;
D'une robe de lin elle laissait les plis
Tomber en les voilant sur ses deux pieds de lis;
Le parfum de ses pas embaumait la montagne.
Quand elle passait seule à travers la campagne,
Le palmiste, les fleurs, les ramiers, les roseaux,
Tressaillaient en chantant des *Hosanna* nouveaux.
Elle était le jardin fermé de l'Ecriture
Où, pour les yeux du roi, fleurit brillante et pure,
La rose de l'amour sans épine, et les lis
Qui, par les Séraphins, le soir sont recueillis.
Et les Anges, penchés vers la terre fleurie
Oubliaient le ciel même en regardant Marie.

(Improvisé devant le portrait de la Vierge, par saint Luc.)

JUDAS ENFANT

XVI

JUDAS ENFANT

Légende

Sur les bords du Jourdain, deux enfants du même âge
Cueillaient des nénuphars ; leurs mères auprès d'eux
Comparaient leurs regards, leur taille, leur visage,
Et bénissaient le ciel qui les fit beaux tous deux.

Or, la plus jeune mère, avec sollicitude
Suivait des yeux Jésus, son orgueil, son amour !
Cyborée était calme, et sans inquiétude
Vers les sommets lointains regardait fuir le jour.

Tout à coup son enfant, incliné sur la rive,
Glisse..., tombe..., à ses cris répond un cri d'effroi ;
Le fleuve l'engloutit ! et d'une voix plaintive
Il répétait encor : — Ma mère, sauve-moi...

Elle allait s'élancer, lorsque Jésus l'arrête ;
Lève les yeux au ciel, et marchant sur les eaux
Le ramène et le rend à sa mère inquiète.
Or Marie alarmée en pleurant dit ces mots :

« — Jésus, quel est celui pour qui votre tendresse
» Se manifeste ainsi ? qui lui vaut ce bienfait ?
» Descend-il d'un prophète ? ou doit-il, en sagesse,
» Surpasser ce que Job et Samuël ont fait ?

« — Ma mère, répondit doucement le Messie,
» J'ai posé sur son front le sceau de mon amour,
» Je viens de lui donner ma colombe chérie ;
» Je l'ai, de tout danger, sauvé jusqu'à ce jour ;

» Eh bien ! tu le verras payé par un Grand-Prêtre,
» Avec mes ennemis comploter mon trépas ;
» Sur ma joue il mettra l'impur baiser d'un traître...! »
» Tu veux savoir son nom ? — Il s'appelle Judas

LA SOLITUDE

XVII

LA SOLITUDE

Pour moi déroulez-vous, annales de l'Eglise !
Là mon enthousiasme agrandi s'électrise;
Là mon cœur, consumé du flambeau de la foi,
Pour se donner à Dieu s'élance hors de moi !

Siècles où la vertu s'incarnant sur la terre
Vivait dans l'antre obscur d'un pieux solitaire,
Montrez-moi loin du bruit, loin du monde et des cours,
Le désert remplaçant tous les autres amours...
Et comblant des désirs l'abime insatiable,
Pressait l'homme vivant entre ses bras de sable !

Paul m'apparaît ! — voilà son front illuminé :
Jamais des Cieux promis son œil n'est détourné ;
Il vit dans les douceurs d'une constante extase,
Le jeûne n'éteint pas la ferveur qui l'embrâse,
Et le corbeau d'Elie apporte chaque soir
Pour soutenir ses jours un morceau de pain noir.

De Jérôme mourant j'entrevois l'agonie,
Le ciel attend l'élu dont la tâche est finie.
Le lion fossoyeur à ses pieds est couché ;
Sur ses membres maigris le chrême est épanché ;
Et devant lui, symbole éclatant de la vie,
Dans un ciboire d'or étincelle l'hostie.
Oh ! quand venait la fin de vos jours pénitents,

Quel Hosanna chantaient vos cœurs reconnaissants!
Comme vous éleviez vos mains vers la patrie
Où rayonne à jamais le regard de Marie !
Comme vous bénissiez Dieu qui vous appela
Et dans la solitude à vous se dévoila.
Hommes prédestinés! sages entre les sages,
Qui trouvâtes le port ouvert dans les naufrages,
Quelle pitié pour nous devait saisir vos cœurs,
Lorsque l'éternité vous payait de vos pleurs!

Et vous, ô Madeleine! âme tendre et choisie,
Qui, sur les pieds du Christ répandiez l'ambroisie,
Le suiviez au Calvaire, et le voyant au ciel,
Lui dressiez au désert un temple, un autre autel;
Dites-moi quels trésors verse la solitude,
Remplit-elle le cœur de sa mansuétude?
Un crucifix de bois, une tête de mort
Suffisent-ils au cœur atteint par le remord?
Et pour la pécheresse est-ce le seul asile
Où le repentir donne un oreiller tranquille?
Oh! combien votre exemple est éloquent pour moi!
Que j'y puise d'amour, de courage et de foi!
Sous l'éponge de fiel étouffant les délices,

Le Christ vous initie à tous les sacrifices;
Stygmatisés par lui, vous n'avez sous les yeux
Que la croix qu'il vous tend pour arriver aux Cieux!
Et plus que nos désirs ne demandent de joies
Vous voulez de douleurs ensanglanter vos voies,
Et n'arriver à lui, disciples préférés,
Que marqués par le glaive et les clous acérés.
Paul, Jérôme! martyrs des grandes Thébaïdes,
M'appelez-vous aussi dans ces sépulcres vides?
Madeleine, à mon cœur voulez-vous enseigner
Qu'être esclave du Christ c'est apprendre à régner?
Oh! parlez... votre voix ébranle ma pensée...
Si par l'amour de Dieu la soif est apaisée,
Qu'il retire du monde, en un désert béni,
Ce cœur que rien ne peut remplir... hors l'infini!

L'HIRONDELLE

XVIII

L'HIRONDELLE

Légende

Où vas-tu, brune hirondelle ?
Tes sœurs ont quitté ces lieux ;
Nul passereau de son aile
N'effleure l'azur des cieux.

La terre est blanche de givre,
Ici tu ne pourras vivre ;
Les sillons n'ont plus de grain.
Abandonne nos cabanes,
Sous les palmiers des savanes
L'air est doux, le ciel serein.

Dis-moi, de ce brin de chaume
Que feras-tu, pauvre oiseau ?
A la demeure de l'homme
Veux-tu suspendre un berceau ?
Ah ! ta frileuse couvée
Le matin serait trouvée
Morte de froid dans son nid ;
Où donc portes-tu, pauvrette,
La paille que le vent jette
Le long du sentier jauni ?

Et j'entendis l'hirondelle
Me dire : « Il est un enfant
Qui dort sur une javelle

Dans l'étable ouverte au vent.
Je vais glaner de la mousse,
Afin de rendre plus douce
Sa couche étroite, et je veux
M'approchant avec les Anges,
Le réchauffer dans ses langes
Sous mon duvet moëlleux.

Elle partit : — de Marie
Caressant le voile blanc,
Sur la crèche du Messie
Elle vola doucement ;
Et de sa main enfantine
Jésus mit dans sa poitrine
Le pauvre petit oiseau...
Or, depuis, toujours fidèles,
Chaque hiver les hirondelles
Visitent le saint berçeau.

C'EST DEMAIN

XIX

C'EST DEMAIN

Dans l'antique forêt on entend un murmure,
Les cèdres frémissants agitent leur verdure ;
Un ange passe et dit : — je vous protège en vain ,
Le bourreau sur vos troncs doit ébrécher sa hache ;

L'un de vous portera Jésus, l'Agneau sans tache...
O cèdres du Liban! c'est demain! c'est demain!

Une autre voix sortit d'un buisson d'aubépine,
C'était l'ange des fleurs qui disait : — ton épine
Fera saigner le front du prophète divin.
Effeuillez-vous, tombez couronne rose et blanche!
A l'aurore le Juif viendra couper ta branche,
Aubépine aux longs dards, c'est demain! c'est demain!

L'esprit des eaux passa sur l'onde transparente,
Et d'un accent brisé comme une plainte errante
Il dit : — Roseaux aimés des brises du matin,
Penchez-vous sur la vague émue et solitaire ;
L'un de vous doit du Christ augmenter la misère...
Frêles roseaux du lac, c'est demain! c'est demain!

Et les cèdres, les fleurs, les roseaux s'inclinèrent ;
Et penchés sur le sol, tristement ils pleurèrent

Les larmes que le soir dépose dans leur sein.
La nature tremblait de l'audace de l'homme !
Et le bourreau venait de reprendre un long somme
En disant : — tout est prêt ! j'ai des clous pour demain...

Tous ceux que renfermait le cercle de l'abîme
— Les yeux avidement dirigés vers Solyme —
Répétaient : c'est le ciel qui nous ouvre sa main !
Terre réveille-toi ! Limbes ouvrez vos portes !
Christ régénérateur à jamais tu l'emportes !
Le monde est racheté ! c'est demain ! c'est demain !

LE NID DE TOURTERELLES

XX

LE NID DE TOURTERELLES

Légende

Au sommet d'un érable, un nid de tourterelles
Dont les petits avaient à peine ouvert leurs ailes,
Attirait des enfants qui, sous l'arbre groupés,
De conquérir ce nid sans relâche occupés,

Choisissaient des cailloux polis au sein de l'onde,
Pour l'abattre à leurs pieds d'un dernier coup de fronde.
Ils avaient essayé bien des fois, les méchants!
Et pourtant le ramier penché vers sa couvée,
Et caché par les fleurs d'une branche élevée,
Pour charmer la femelle avait repris ses chants.

Soudain, près de l'érable, une blanche figure
Apparaît à leurs yeux; d'un geste les rassure,
Puis leur dit doucement : je connais vos complots,
Des bosquets et des nids vous troublez le repos.
Mais si vous les tuez, eux qui viennent de naître,
Qui chantera plus tard au bord de la fenêtre?
Qui remplira les nuits d'un concert enchanté,
Et vous réveillera dans les longs jours d'été?
Lorsque de nos foyers aura fui l'hirondelle
Qui nous rapportera le printemps sur son aile?
Savez-vous que jamais Dieu ne fait rien en vain :
L'insecte, le lézard et la fleur du chemin,
Le ruisseau dans son cours, l'oiseau sous la feuillée,
Disent son nom à l'heure où l'aube est éveillée.
Mêlez vos jeunes voix à ce divin concert,
Mais épargnez les nids qu'avait détruit l'hiver;

Et je vous bénirai... car je chéris l'enfance
Qui ne sème jamais le deuil et la souffrance.
Dans le temple, j'avais des oiseaux à nourrir,
Et leur essaim joyeux, empressé d'accourir,
Recueillait à mes pieds le grain que dans la plaine
J'avais semé pour eux. Souvent ma tiède haleine
Réchauffait les petits privés d'un blond duvet.
Tout ce qui souffre et tremble en secret m'attirait :
A moi le nid sous l'arbre et la plante brisée ;
Les agneaux sans toison et la biche blessée ;
A moi le lis des champs mon terrestre encensoir,
Et l'onde où du matin l'étoile aime à se voir.
L'insecte qui grandit sous le chaume et la mousse ;
A moi surtout l'enfant que le riche repousse !
L'orphelin, dont le cœur aussi pur que l'encens,
N'a que de bons instincts et des jeux innocents ;
Et non l'enfant cruel qui menace la branche
Où veille avec amour la tourterelle blanche.
A moi ce qui grandit sans filer ni semer !
Pour savoir compâtir, il faut savoir aimer...
Et je n'adopterai dans mon divin royaume
Que celui dont les mains ont répandu le baume
Sur toutes les douleurs ; et qui, quoique petit,
Pratique dans son cœur la charité du Christ,
Protège la faiblesse et venge l'innocence.

Et les enfants émus de sa tendre indulgence
Promirent à Marie, en baisant son manteau,
De respecter le nid du moindre passereau.

Jérusalem dressa la croix du déicide...
Du nid de la colombe où la douleur réside,
Le père s'envola jusqu'au gibet divin,
Et par ses derniers chants il tenta, mais en vain,
D'apaiser du Sauveur la souffrance infinie;
A l'heure où de Jésus commença l'agonie,
L'aile du ramier blanc battit l'air par trois fois,
Puis il mourut, perché sur les bras de la croix.

PRÈS D'UN ROSIER

XXI

PRÈS D'UN ROSIER

Frère, de cet arbuste approchons-nous ensemble :
Vois-tu ce nid bercé par le rameau qui tremble ?
On dirait que la brise a peur de le ployer ;
Les oiseaux endormis reposent sur la mousse
Tout est calme autour d'eux... mais ta voix est si douce
Qu'elle ne peut les éveiller.

Chacun de ces petits peut réchauffer son frère,
Ils sont tous protégés par l'aile de leur mère,
Vainement sa tendresse éloigne le sommeil,
Elle succombe, enfin... la voilà qui repose,
Elle n'a rien, pourtant, qu'un nid sous une rose
Et sa part de soleil.

Pourquoi donc aux plaisirs demander tant de choses ?
Dieu créa pour tes yeux les étoiles, les roses,
Pour ton esprit, le livre où s'épèle son nom;
Pour ton cœur, l'amitié qui rapproche les hommes;
Pour ton âme, la foi, qui du monde où nous sommes
Fait un lieu d'expiation

Comme les passereaux, voyageurs sur la terre,
Du fleuve de nos jours rendons l'eau moins amère;
Semons d'un peu de bien nos arides sentiers;
Et nous pourrons dormir comme l'oiseau des grèves,
Lui bercé sur les flots, nous bercés par nos rêves
A l'ombre de ces églantiers.

Que nous sert, à la mort, d'avoir eu des richesses,
D'avoir sous des palais abrité nos tristesses ;
De s'être dit : mon nom ne saurait plus périr !
De quel prix nous seront tant d'heures, tant d'espace ?
Tant de jours prodigués ! faut-il donc tant de place
Pour aimer un jour et mourir ?...

Ne faisons pas de bruit en traversant la foule ;
Passons comme cette eau qui dans les prés s'écoule,
Comme l'oiseau qui chante un printemps et puis meurt..
Comme le lys qui donne un parfum éphémère ;
Comme les feux follets, fugitive lumière ;
Passons comme un jour de bonheur

Nous ne demandons point de marbres sur nos tombes ;
Un saule où dans la nuit gémiront les colombes,
Une croix qui protège une paisible sommeil,
C'est assez. — car là-haut, frères parmi les anges
Nous attendrons au sein des célestes phalanges
La gloire du dernier réveil !

LE PÉLICAN

XXII

LE PÉLICAN

Légende

Le soleil embrâsait la mer de Tibériade,
Les pêcheurs amarraient leur barque près du bord ;
Sous l'arbre hospitalier, le voyageur nomade
Accablé de fatigue, en soupirant s'endort...
C'était l'heure où les vents et les flots sont plus calmes.

La Vierge qui rentrait à la cité des Palmes ,
Auprès d'un nid d'oiseaux avait rejoint son fils.
— Vois-tu ce pélican auprès de ses petits ?
Dit Jésus , ils ont faim, eux seuls dans la nature
Jusqu'à la fin du jour sont restés sans pâture ;
Que vont-ils devenir ? deux cris désespérés
Du pauvre pélican accusent la détresse ,
Regardant ses petits contre son cœur serrés,
Leur angoisse , leur faim , augmentent sa tendresse ,
Il gémit... de son bec il déchire son flanc ,
Met son cœur en lambeaux , les abreuve de sang.
De l'amour paternel, héroïque victime ,
Il se donne en entier, calme , heureux et sublime.
Ses petits assouvis ne crieront plus en vain :
Il en mourra... qu'importe ! ils vivront tous demain !
Près d'eux faible , sanglant , il retombe, il s'affaisse ,
Entr'ouvre pour les voir des yeux pleins de tendresse ,
Etend sur eux son aîle, et veut défendre encor
Son ingrate couvée : il expire... elle dort !

La Vierge soupira... — Venez, mon fils, nous sommes

Bien loin de notre toit; Joseph est inquiet.
Et de l'oiseau martyr s'éloignant à regret,
Jésus dit : — C'est ainsi que j'aimerai les hommes.

MA CELLULE

XXIII

MA CELLULE

J'habite une solitude
Ouverte sur des jardins,
Où déjà l'oiseau prélude
A de printaniers refrains.

Il fait beau ; — de ma fenêtre
Je vois sourire les cieux ;
Demain les fleurs vont renaître,
Tout prend un aspect joyeux.

A la gaîté Dieu m'invite ;
Et le pauvre à son réveil,
Voit pénétrer dans son gîte
Son vieil ami le Soleil.

Je me sens le cœur en fête !
Le cortège du printemps
Passe devant ma retraite
Pour s'ébattre dans les champs.

Au dehors tout vit, tout brille ;
Au dedans tout est bonheur :
J'ai les anges pour famille,
La Poésie est ma sœur...

— Voici la petite branche
Que Pâques dérobe au buis ;
Près de mon chevet se penche
Le front de mon crucifix.

Dans la coquille nacrée
Dont j'ai fait un bénitier,
Je puise l'onde sacrée
A l'heure où je vais prier.

La madone, blanche étoile,
Rayonne au pied de mon lit,
Phare allumé pour la voile
Qui s'égare dans la nuit...

Et dans un vieux reliquaire,
Héritage de la mort,
Sont les cheveux de mon père,
Qu'en pleurant je baise encor ;

Puis sur ma table couverte
De papiers d'encre noircis,
La sainte bible est ouverte :
Je la médite et je lis.

Job, Ezéchiel, Jérémie,
Chantent leurs versets de mort,
Et la colombe endormie
S'éveille sur le Thabor.

Les héros de tous les âges
Se pressent autour de moi,
Drapés du manteau de sages,
Parés du manteau de roi !

Et regardant la fumée
Que fit leur nom après eux,
Riant de la renommée
Qu'ambitionnaient leurs vœux ;

« Rien n'est grand et rien n'est stable,
» Me répètent-ils tout bas ;
» Nous bâtissons sur du sable
» Qui détruit jusqu'à nos pas.

» Repousse, ô jeune poëte !
» Des lauriers vains ou flétris...
» Chante, pour le ciel en fête,
» La Vierge et le crucifix !

» Chante pour les belles âmes
» Où fleurit la pureté ;
» Chante pour les jeunes femmes,
» Chante pour la Charité !

» Dédaigne les bruits du monde
» Dont les pas vont dans la mort ;
» Ne bois jamais à son onde ;
» Pleure son fatal transport.

» De ta robe immaculée
» Serre les plis gracieux;
» Ton âme, colombe aîlée,
» Ne doit aspirer qu'aux Cieux.

» Que ton accent se refuse
» A vanter ce que tu vois;
» Si tu dois être une Muse,
» Sois la Muse de la Croix! »

Et j'écoute ces voix pures
Qui s'élèvent loin du bruit,
Comme les divins murmures
D'une harpe de la nuit.

Lorsque je pose ma lyre,
Pour dormir jusqu'au matin,
Je donne un dernier sourire
A mon heureux lendemain.

De son aile de colombe,
Mon ange gardien défend
Mon lit étroit, blanche tombe,
Où je dors comme une enfant.

Et lorsque l'aube éveillée
Brille à travers mes rideaux,
Je reprends de la veillée
La prière et les travaux.

Merci, mon Dieu, pour les joies
Qui fleurissent sous ma main !
Vous aplanissez mes voies,
Vous me guidez en chemin ;

Merci pour l'âpre science
Que nous donne le malheur,
Et merci pour l'espérance
Qui cicatrise mon cœur.

Pour tous les bonheurs intimes
Que mon âme trouve en vous ;
Pour les entretiens sublimes
Que vous avez avec nous !

Pour cette miséricorde
Qui montre aux yeux éblouis
Ce que plus tard elle accorde :
Un coin bleu du Paradis !

LES PASSEREAUX

XXIV

LES PASSEREAUX

Légende

Sur les bords d'un grand lac, riant miroir des Cieux,
Jésus se délassait du travail par des jeux.
Quelques pauvres enfants, compagnons de son âge,
Accourus avec lui sur l'herbe du rivage,

Cueillaient, pour lui tresser une couronne d'or,
Les lotus que la brise avait poussés au bord.
Ils séchaient au soleil leur tunique mouillée
Et jasaient comme fait l'oiseau sous la feuillée.
Dirigeant au hasard un esquif sur les flots,
Ils poursuivent l'ibis caché dans les roseaux.
De ce groupe riant, c'est le fils de Marie
Qui retient à son gré la joyeuse folie ;
Il guide leurs ébats et leur commande à tous.
Un moment attentifs, de Jésus à genoux
Leurs regards curieux ont dépassé l'épaule.
Ils se groupent muets sous l'ombrage d'un saule,
Et s'étonnent de voir l'apprenti charpentier
Essayer l'art nouveau du sculpteur, du potier ;
Jésus prend dans ses mains de la terre d'argile
Et forme des oiseaux. On eût dit que docile,
La terre se prêtait à ses créations.
Déjà les passereaux semblaient battre des aîles
Pour gagner des forêts les ombres éternelles,
Et suspendre leurs nids aux branches des buissons.
Jésus en créa douze; il leva vers son Père
Un regard plein de foi, d'amour et de prière;
Dans ses petites mains il frappa doucement,
Et l'essaim des oiseaux s'envola bruyamment;
On les vit voltiger au-dessus du Messie

Et chanter l'Hosanna dans leur hymne bénie,
Puis, quittant à regret le lac au flot dormant,
Se perdre dans l'azur profond du firmament;
Un ordre de Jésus de nouveau les ramène;
Dans le creux de sa main ils becquètent la graine,
Boivent l'eau qu'il recueille au sein des nénuphars
Et semblent enchaînés à lui par ses regards.

Et les enfants, saisis de respect et de crainte,
N'osant plus avec lui jouer comme autrefois,
Baisaient l'herbe où ses pieds avaient mis leur empreinte.

Or, vers le temple saint se retournant trois fois,
Jésus dit : que sur moi l'oracle s'accomplisse,
O mon père ! et permets qu'un jour ces douze enfants
Vers le ciel, après l'heure où viendra mon supplice,
Comme ces passereaux s'élèvent triomphants.

LES ARÈNES D'ARLES

XXV

LES ARÈNES D'ARLES

Ouvrez, ouvrez l'arène à la foule ! — Elle veut,
Pour dissiper l'ennui dévorant qui l'assiége,
Voir périr des chrétiens la secte sacrilége ;
Ouvrez ! là seulement le fier romain s'émeut.

Non, ce n'est plus assez des scènes du théâtre,
L'art devient impuissant à se faire applaudir.
Il faut noyer de sang le vaste amphithéâtre,
Il faut des combattants, des bêtes, un martyr!

Soudain la porte roule. — Une mère chrétienne
Entre, parcourt des yeux cette foule païenne,
Et se couvrant le front de son voile de lin,
Serre avec plus d'amour son fils contre son sein.

Le pauvre enfant, hier sous l'onde du baptême,
Baissait son front pieux; sa mère, auprès de lui,
Dans une blanche hostie avait reçu Dieu même;
Du berceau dans le cirque on le traîne aujourd'hui.

Car sa bouche docile aux leçons maternelles
Disait encor: Jésus! quand les Centurions
Pénétrant dans le lieu d'asile des fidèles,
Crièrent: Gloire aux dieux! et largesse aux lions!

On enchaîna la mère et son fils. — Pour la fête
Que dans Arles donnait le généreux Gallus,
On publia leur crime, et le peuple répète :
Aux bêtes les chrétiens ! nos dieux les ont vaincus !

La barrière est ouverte. — Un monstre s'en élance ;
De ses rugissements il ébranle les airs.
C'est un grand léopard tacheté, de Numance,
Qui bondit, l'œil en feu, flairant l'odeur des chairs.

Trois fois près du poteau qu'embrasse la martyre,
Il tourne ; l'on dirait qu'il se plaît à choisir
La place que bientôt sa morsure déchire...
Le peuple bat des mains : c'est un royal plaisir !

Le léopard se dresse ; entre ses dents d'ivoire
Il brise de l'enfant les membres délicats,
La mère jette un cri ! mais déjà dans la gloire
Le jeune élu montait en lui tendant les bras.

Alors s'agenouillant muette sur l'arène,
Elle attend l'ennemi qui s'approche en rampant,
Et cédant au pouvoir d'une main surhumaine,
Vient lui lécher les pieds, souple comme un serpent.

Le peuple, plus féroce encore que les bêtes,
Demande avec fureur la mort du léopard,
Celle de la chrétienne, et vingt haches sont prêtes,
Quand un nouveau prodige étonne le regard :

Le monstre défendant la candide martyre
Au devant des bourreaux se jette frémissant ;
Et l'ange de la mort que la chrétienne attire
L'emporte sur son aîle auprès de son enfant.

Puis des gladiateurs luttent, et la Vestale
Condamne le mourant qui l'implorait en vain.
La fête se transforme en une saturnale,
Et ce peuple avili, c'est le peuple romain !

Est-il assez déchu de sa grandeur première ?
Qu'a-t-il fait de son nom, de ses mâles vertus ?
A quoi reconnaît-on le maître de la terre
Que renie aujourd'hui l'ombre du grand Brutus ?

Le ciel va le sauver par un nouveau prodige.
Constantin est César ! — bientôt sur le forum
La croix du Christ vainqueur répandra son prestige :
Arles s'entourera des plis du labarum.

Elle ne gardera de sa splendeur romaine
Que ses puissants remparts, ses vastes monuments ;
La foi du Moyen-Age en fera son domaine ;
L'église y posera ses premiers fondements.

Quand vous visiterez l'arène séculaire
Qui de cris, de sanglots dut jadis retentir,
Si vous trouvez encor du sang sur la poussière,
Courbez-vous et priez ! — C'est le sang d'un martyr.

LA VIERGE DANS L'EDEN

LE ROSAIRE

XXVI

LE ROSAIRE

Légende

Mère, allons visiter les berceaux de l'Eden,
Disait un jour Jésus à la Vierge Marie.
Quittant son humble chaume, elle lui prend la main,
Et s'éloigne avec lui dans la plaine fleurie.

Jean les avait suivis. Bientôt les deux enfants
Dans le fatal jardin s'ébattent triomphants.
Du Pison sinueux des fleurs couvraient la berge,
Ils viennent les semer sur les pas de la Vierge.
Puis groupés autour d'elle, ils tressent pour son front
Des couronnes auprès desquelles pâliront
Les diadèmes d'or dont se parent les reines.
Vois, dit Jésus, de fleurs mes mains sont toutes pleines,
Je veux te composer un ornement divin
Qui sera le plus beau de ton céleste écrin.
Cinquante lis, mêlés à dix roses vermeilles,
Embaumeront l'autel de leurs fraîches corbeilles,
Et pour te les offrir, le monde entier un jour
A genoux tressera ces guirlandes d'amour.
Jésus ceignant le front radieux de sa mère
Ajouta : j'ai nommé ta couronne Rosaire !

Et Jean qui contemplait en silence leurs jeux
Entendit une voix qui descendait des cieux,
Dire : « gloire au Sauveur ! gloire, amour à Marie !
Blanche rose d'Eden pour Jéhova fleurie. »
Et l'enfant répéta le cantique immortel
Que sur sa lyre d'or composa Gabriel.

LA VIERGE DANS L'EDEN

LES LITANIES

XXVII

LES LITANIES

Légende

— O mon fils ! dit la Vierge avec un doux sourire,
Dans ce lieu de délice où le bonheur respire,
Comment Adam put-il méconnaître les lois
D'un Dieu dont la tendresse adoucissait les droits ?

Sur ces arbres divers montrez-moi quelle pomme
Attira le désir impatient de l'homme.
Lequel donne la vie et conduit à la mort?
Ma mère, dit Jésus, vous voyez ces fruits d'or,
Dont le suc vénéneux fut pour la race humaine
Une source de maux, de discordes, de haîne.
Seule dans l'univers vous pouvez sans danger
L'observer à loisir: car vous devez venger
A force de vertus les fautes de la femme,
Et la purifier aux blancheurs de votre âme.
Vous êtes à l'abri des naufrages du cœur,
O vase précieux choisi par le Seigneur!
Mère dont je me plais à chanter les louanges,
Vierge dont je ferai la reine de mes anges!
Arche qui recelez l'universel salut;
Voix plus suave au cœur que les accords d'un luth;
Phare dont les clartés baignent toutes les plages;
Etoile qui brillez au milieu des orages;
Cèdre du mont Liban, Colombe du Jourdain;
Tour de David gardant les boucliers d'airain;
Lís blanc épanoui dans le sein des épines;
Pur miroir réflétant les tendresses divines;
Source où vient s'apaiser la soif du voyageur;
Palmier qui répandez au désert la fraicheur;
Toison blanche où du Ciel retombe la rosée;

Buisson ardent d'où sort la prière embrâsée :
Tous les dons du Seigneur fleurissent dans tes mains!
Nous travaillons ensemble au rachat des humains :
Ne t'épouvante pas de mes douleurs futures ;
Vois le monde sauvé pour prix de mes tortures!
Ouvre un cœur maternel aux auteurs de ma mort,
Lorsque mes bras sanglants les béniront encor!...
De la Vierge à ces mots le front penché se lève,
Et les Elus disaient; « Gloire à la nouvelle Eve
« Qui foule le serpent tentateur sous son pied,
« Et rouvre à l'avenir l'Eden sanctifié. »
Puis sur des tables d'or les célestes Génies
Écrivirent au Ciel les saintes Litanies.

LES LEÇONS DE LA NATURE

Sous les yeux du Seigneur, à l'air libre des champs,
L'âme n'a que de bons et de pieux penchants.

***

XXVIII

LES LEÇONS DE LA NATURE

A Mlle. A. B.

Après Dieu, puis votre famille,
Il faut aimer, ô jeune fille !
La nature, livre divin
Où les leçons de la sagesse
Sont écrites pour la jeunesse
Qui ne les lit jamais en vain.

Aimez les étangs, les grands chênes,
Les coteaux ombreux, les fontaines,
Les buissons et les nids joyeux ;
Aimez les bleuets et les roses,
Dieu cache au fond de toutes choses
Un symbole mystérieux.

Le lac azuré dit : — Sois pure
Comme mes flots, miroir du ciel ;
L'étoile : — Dans ta route obscure
Regarde le phare éternel ;
Et le ruisseau qui fertilise
La plaine en coulant sous les fleurs :
— Que l'amour des pauvres épuise
Ton or, ta prière et tes pleurs.

Aimez le cygne aux ailes blanches,
Allez voir fleurir les pervenches
A l'abri du rocher natal ;
Redoutez un regard profane,

L'âme est un beau lis qui se fane
A la seule approche du mal.

Mai se couronne d'aubépine,
Déjà, sur les lilas butine
L'abeille pour sa ruche d'or ;
Comme elle, amassez pour l'automne,
Et des biens que le ciel vous donne
Composez un riche trésor.

Prenez encore pour modèle
Les oiseaux que l'été rappelle ;
Que leur faut-il ? — un nid étroit,
Un grain de mil et l'eau courante ;
Vivons de peu sous notre tente
Comme un passereau sur un toît.

Dans les prés, voyez-vous l'hermine ?
Sur sa fourrure blanche et fine

Pas une tache ! — elle en mourrait...
Imitez-la, car une femme
Doit à la candeur de son âme
Tout son pouvoir, tout son attrait.

Pour rendre vos loisirs utiles
Et chers à ceux que vous aimez,
Profitez des avis fertiles
Dont les bois, les prés sont semés.
Car partout la moisson est ample
Pour qui veut l'aide et le conseil;
Cueillez la graine de l'exemple,
Dieu la mûrit à son soleil.

Lorsque vous coudoyez le monde
Où tout est faux, où tout est vain,
Vous perdez cette paix profonde
Que nous verse l'esprit divin ;
L'air est lourd au sein d'une ville
Pour les aîles de notre cœur :
On y raille notre Evangile !
Mais des champs on revient meilleur.

Là, tout sourit et tout repose :
Les bruyères, les pins, les monts ;
L'effet nous conduit à la cause
Des mystères que nous voyons ;
Tout notre être éclate en louanges,
Des pleurs d'amour mouillent nos yeux,
Et par l'échelle d'or des Anges
Notre âme monte jusqu'aux cieux.

LA BREBIS ÉGARÉE

XXIX

LA BREBIS ÉGARÉE

I

— Mon Dieu ! disait un jour un enfant en alarmes,
J'ai perdu ma brebis, c'était tout mon troupeau !
Sans elle, je ne puis retourner au hameau,
Que me dirait mon père?.. — Attendri par ses larmes,

Jésus lui répondit : — prends mon petit agneau,
Il la remplacera. — Non, répondit le pâtre,
Il ne ferait jamais oublier ma brebis :
Notre mère filait sa laine au coin de l'âtre,
De son lait autrefois elle nous a nourris.
Cherchons-la tous les deux. Moi je cours dans la plaine
Pour la redemander ; vers la forêt prochaine
Allez! retrouvez-la... vous nous aurez sauvés!
Bientôt Jésus gravit des sommets élevés ;
Les champs sont déjà loin. Du haut de la colline,
Il voit Jérusalem, et son regard domine
Le lac aux flots d'azur et la ville à ses pieds.

D'antiques oliviers par le temps oubliés
Etendaient en ce lieu leur pâle et triste ombrage.
On les disait plantés par Salomon le Sage!
Jésus vint s'appuyer contre leurs troncs noueux,
Car ses pieds délicats couverts de meurtrissures
Refusaient d'avancer... de toutes ses blessures
Le sang coule... Epuisé de fatigue, l'enfant
Tombe pâle et sans voix sur le sol. — Cependant,
Les Anges se disaient, voilant leur auréole :
« Qui le consolera, si Dieu ne le console ?

« Courons le soutenir! portons-le dans nos bras,
« Qu'au retour de sa route il ne s'égare pas... »
Le Seigneur dit: — Allez! Et la troupe bénie
Descend d'un vol rapide au jardin d'agonie.
L'un recueille le baume; un autre dans les lis
Va puiser la rosée, et de ses pieds meurtris
Les Anges en chantant lavent les cicatrices,
Rafraîchissent sa lèvre aux célestes calices,
Et Jésus qui renaît à leurs soins empressés
Elève vers le ciel ses regards abaissés :
« O mon Père! dit-il, votre miséricorde
» Avec votre justice en ce moment s'accorde.
» Vous envoyez vers moi, faible enfant, en ce lieu
» Ceux qui viendront plus tard pour soutenir un Dieu!
» Ma première agonie est passée... et le monde
» Obtiendra son pardon pour prix de la seconde...

Il se lève et s'éloigne. Il cherche à l'horizon
La place où doit fumer le toit de sa maison,
Mais dans la brume épaisse il la distingue à peine,
Aux buissons épineux, quelques flocons de laine
Le guident jusqu'aux bords d'un abîme profond;
Il se penche, il regarde... il croit saisir au fond

Un cri plaintif. — Il court, se hâte de descendre ;
Il ne s'est point trompé : la brebis fait entendre
Pour la seconde fois un sourd gémissement.
Jésus marche sans bruit, l'appelle doucement,
Et lui dit : « Fugitive ! au toit où l'on te pleure,
» Reviens. La liberté vaut-elle une demeure
» Où le père et l'enfant te partageaient leur pain ?
Jésus avec amour la serre sur son sein
Et reprend le sentier du voyageur nomade ;
Il rentre triomphant dans la pauvre bourgade.
Le pâtre l'attendait au pied d'un cèdre ; — Ami
Console-toi, lui dit de loin Jésus, voici
La brebis retrouvée ! et l'enfant la caresse,
Mêle des cris de joie à des cris d'allégresse,
En appelant Jésus son frère et son sauveur !
Celui-ci répondit : — Je suis le Bon-Pasteur,
Pour la moindre brebis je donnerais ma vie...
Je possède une immense et sainte bergerie,
Objet de mon amour, seul but de mon travail,
Et seul je sais combien mon épaule meurtrie
Doit rapporter d'agneaux au céleste bercail !

II

O Christ! qu'il a fallu de larmes de souffrance,
Pour laver dans tes pleurs nos robes d'innocence!
Qu'il a fallu de sang pour balancer le poids
Que nos iniquités opposaient à ta Croix.
Pasteur que rien n'arrête en sa course divine,
Tu gravis sous le fouet la sanglante colline,
Puis, étendant tes bras sur le monde, tu dis:
Le Pasteur doit mourir pour sauver ses brebis!

Trente ans tu les cherchas dans toute la Judée:
C'est la Chananéenne et sa fille obsédée;
Matthieu quittant pour toi l'argent de son comptoir;
Puis sur les bords du puits où tu venais t'asseoir,
C'est la Samaritaine à qui ta voix propose
Cette eau qui rafraîchit et dont seul tu dispose.
Sur la femme adultère étendant ton appui,
Tu la rends au devoir que son cœur avait fui.
Tu rappelles à toi chaque être qui soupire:

Le Centenier fervent, la fille de Jaïre,
L'aveugle à qui tu rends la lumière des Cieux ;
La veuve de Naïm... et toujours, en tous lieux,
Tu grossis ton troupeau des misères humaines.
Des esclaves romains dont tu brises les chaînes,
Des mères sans enfants... des enfants orphelins !
Des voyageurs perdus dans la nuit des chemins;
Des pêcheurs qui, le soir, s'endorment dans leur barque
Et qui n'ont pas d'étoile à l'heure où l'on s'embarque !
Des soldats mutilés pour la gloire d'un seul ;
Des Lazares couchés vivants dans leur linceul ;
De tout ce qui mendie et pleure et se lamente,
De tout ce qui t'invoque, ô justice clémente !
Et comptant ce troupeau parqué dans les déserts,
Tu dis en leur montrant tes mains, tes pieds ouverts :
« Regardez ! c'est pour vous que les clous et la lance
» Ont creusé ce ruisseau d'où coule l'Espérance...
» Venez ! mon joug est doux et mon fardeau léger !
» Si jamais vous serviez sous un maître étranger,
» Qui vous délivrerait des loups et de leur rage ?
» Qui vous rassemblerait le soir, lorsque l'orage
» Aurait au fond des bois dispersé les troupeaux ?
» Ah ! nul autre que moi ne porte sur son dos
» La brebis égarée... et le vil mercenaire
» Ne va pas la chercher le soir dans la bruyère,

» Il ne l'abreuve pas aux pures eaux du Ciel !
» Il ne sent pas pour elle un amour paternel ;
» Il ne la défend pas du froid sur sa poitrine,
» Des ronces, des buissons, n'émousse pas l'épine,
» Et trafique souvent pour quelques pièces d'or
» Ces brebis que mon cœur aima jusqu'à la mort...

III

Ah ! restons au bercail... Là, notre âme s'épure,
Elle découvre Dieu dans toute la nature.
La Prière et l'Aumône, en se donnant la main,
De bonheurs ignorés sèment notre chemin.
L'Espérance, appuyée à l'ancre d'un navire,
Nous montre dans la nuit l'étoile qui va luire.
Et quand viendront les jours de colère et de deuil
Où pasteurs et brebis sortiront du cercueil,
Choisissant ses agneaux dans la foule muette,
Le Christ pour les défendre étendra sa houlette,
Et dans les champs d'azur du divin paradis,
Le Pasteur éternel gardera ses brebis.

EX-VOTO

XXX

EX-VOTO

I

Je venais d'accomplir, après un long voyage ,
A l'autel de Fourvière un saint pélerinage ;
De nombreux étrangers passaient le seuil béni ;

On entendait encor le chant lointain des hymnes,
Et pour unir sa voix aux syllabes latines,
Une blanche colombe avait quitté son nid.

Tandis qu'elle planait sur la sainte chapelle,
Symbole d'innocence et d'amour, de son aile
Elle laissa tomber une plume à mes pieds ;
Et moi je la saisis dans un pieux délire,
Promettant à genoux à la Vierge, d'écrire
Les antiques récits à son doux nom liés.

Or un groupe d'enfants quittait le sanctuaire,
Le front tout rayonnant de joie et de prière ;
Anges par la ferveur, anges par la beauté,
Dont leurs frères du ciel préparent la couronne,
Et qui, semant de fleurs l'autel de la madone,
Honorent chaque jour le nom qu'elle a porté.

Leur enfance, leurs chants, purs échos de leur âme,
Tout me dit : Fais pour ceux qu'un jeune zèle enflamme

Un livre où de la Vierge ils suivront tous les pas;
Ecris pour les enfants quelque naïf poëme ,
Les enfants préférés par le Sauveur lui-même
Qui les attirait dans ses bras.

Je composai dès lors ma *Légende* fleurie ,
Gerbe de lis offerte à la Vierge Marie,
Ex-voto poétique au temple suspendu;
Puisque sur les autels on effeuille des roses,
On peut offrir des vers, modestes fleurs écloses
Sous le regard de Dieu jusqu'à moi descendu...

II

Viens aux mains du poète, ô plume de colombe!
Chante le Christ enfant jouant près de sa tombe;
Son exil, ses douleurs, ses prodiges premiers,
La grotte de l'Egypte et les bois de palmiers.
Chante la Vierge-Mère! et montre-nous près d'elle
Joseph, le saint vieillard son protecteur fidèle.

Pour la gloire d'un jour je ne travaille pas !
Je veux que les enfants, le soir lisent tout bas
De Jésus, leur Sauveur, la mystique épopée;
Que de leurs pleurs naïfs ma page soit trempée.
Ah ! dussé-je n'avoir qu'une larme d'enfant,
C'est assez, c'est assez ! si plus tard triomphant,
Et de retour parmi les célestes phalanges,
Un jeune élu portait mon livre chez les anges,
Et si ma place était celle que réclamait
Madeleine, aux genoux du Sauveur qu'elle aimait...

L'ORPHELINAT DE PRÉMONTRÉ

XXXII

L'ORPHELINAT DE PRÉMONTRÉ

A sa Grandeur, Monseigneur de Garsignies

ÉVÊQUE DE SOISSONS ET LAON.

L'histoire ne vit pas seulement dans les pages
Qui retracent les faits, les dates, les usages
Des peuples; — il existe un livre écrit à part,
Pierre à pierre, où l'artiste, amoureux de son art,

Nous lègue un souvenir vivant de son époque;
Et plus tard le savant l'interroge et l'évoque.
Ces poèmes, taillés dans des blocs de granit,
Où la foi des aïeux se révèle et survit,
Sont autant de chefs-d'œuvre où s'épelle l'histoire
Des grands siècles vivants consacrés par la gloire.
Dans ces siècles, l'épée était sœur de la Croix,
Et l'autel consacrait le sceptre et le pavois;
Alors, des chevaliers pleins d'une foi sublime,
Couraient pour délivrer le tombeau de Solyme:
Et souvent, revenus au toit de leurs aïeux,
Echangeaient contre un froc leur armure de preux;
Puis cherchaient dans le cloître une retraite austère,
Inaccessible au bruit des choses de la terre,
Asile de travail du peuple révéré:
Tels furent les couvents; tel on vit Prémontré.
Chassés par la Terreur de l'antique abbaye,
Les enfants de Norbert quittèrent leur patrie.
Un silence de mort enveloppa ces lieux,
Jusqu'au jour où Dieu mit dans un cœur généreux
Une noble pensée, un rayon du génie
Par qui la charité féconde et multiplie
Ses bienfaits! — Prémontré, qu'habitèrent jadis
Des serviteurs de Dieu, des saints, des érudits,
Va renaître béni par un prélat de France,

Qui consacre ce lieu préparé pour l'enfance.
Désormais le travail y doit être en honneur !

Les paysans, lassés d'un facile bonheur,
Ont tourné leurs regards vers la ville, où sans cesse
Se heurtent l'intérêt, les vices, la paresse.
Le pauvre villageois déserte son hameau ;
Le fermier, pour son fils, convoite le barreau.
Ainsi l'ambition dépeuple les chaumières
Tandis que les cités regorgent de misères,
De troupeaux d'orphelins, de vieillards malheureux,
La campagne a manqué de bras laborieux.
Le pain devient plus cher, la récolte plus rare,
L'ouvrier meurt de faim sous l'habit du Lazare.

Il fallait un remède à ce mal désastreux,
Et Dieu fit un miracle ! Aux enfants malheureux
Qu'un monde sans pitié de ses fêtes repousse,
Prémontré s'ouvrira — retraite aimable et douce !
Déjà le sol se pare et s'enrichit de blé ;
De petits laboureurs, sous des maîtres zélés,

Cultivent en chantant une terre propice
Qui fournit le froment, le vin du sacrifice;
Sous les yeux du Seigneur, à l'air libre des champs,
L'âme n'a que de bons et de pieux penchants.
Le cœur se purifie aux sublimes spectacles
D'une riche nature étalant ses miracles.
Faire du labourage un devoir, un bonheur,
Donner l'amour des champs à l'humble travailleur,
Lui dire que le ciel bénira sa faucille,
Ses granges, ses vergers, ses vignes, sa famille;
Du grenier d'abondance augmenter les élus,
Ces prodiges nouveaux, oui, nous les avons vus;
Prémontré, de nos jours, est cette colonie.
Mais l'œuvre commencée est loin d'être finie;
Il est tant d'orphelins victimes du malheur!
Il faut venir en aide au pieux fondateur.
Donnez! non par frayeur d'une heure de justice,
N'attendons pas que Dieu nous frappe et nous maudisse.
Donnez! — il est si doux de faire un peu de bien!
Donnons! — pour mériter le titre de chrétien,
Ce titre, notre force autant que notre gloire!
S'il impose à nos cœurs d'espérer et de croire,
Il prêche encor plus haut l'ardente charité,
Dans le code d'amour par Jésus apporté.
Ce pauvre dont le Christ a vêtu la livrée,

Cette âme que des flots de sang ont délivrée,
Valent bien une obole et quelques pièces d'or
Qui pourront les sauver du vice ou de la mort.

LE PALMIER

XXXII

LE PALMIER

A l'ombre d'un palmier, seul charme du désert,
Trois voyageurs, lassés d'un pénible voyage,
S'assirent à midi sous le chapiteau vert
Où venaient se poser les oiseaux de passage.

10

Un mirage trompeur, triste jouet des sens,
Leur montrait des nopals, des citernes, des champs,
Puis l'aile du simoun balayait la poussière,
Et d'un lac azuré la fraîcheur mensongère
Les abusait encor... Plus faible cependant,
La Vierge dans ses bras a serré son enfant.
C'est ici, pensait-elle, en cette solitude,
Que seule Agar mourant de soif, d'inquiétude,
D'un puits miraculeux dut le bienfait au Ciel...
Et put rendre la vie à son fils Ismaël.
Mon enfant est bien pâle... il souffre! et sans rien dire
Epuise de l'exil le douloureux martyre.
S'il a faim, ce désert n'a rien à nous offrir...
Mon Dieu, si mon Jésus, mon fils allait mourir!
Et montrant à Joseph les rameaux en corbeille,
La Vierge dit tout bas : — de ces branches de fruits,
Si je pouvais atteindre une grappe vermeille!
Le vieillard répondit : — Judée, ô doux pays!
Que je regrette ici tes limpides fontaines,
Oh! qui me donnera pour me désaltérer
L'eau vive du torrent! puis la moisson des plaines
Où le blé pour le pauvre avait soin de germer.
Jésus, qui sommeillait, s'éveille à leur prière,
Sur le sein de la Vierge il se lève à ces mots,
Entoure de ses bras le palmier solitaire

Et lui dit : — « Fier palmier, abaisse tes rameaux,
Et présente tes fruits savoureux à ma mère,
Ma mère, que la faim aurait fait défaillir... »
L'arbre courba son front sur les mains de Marie
Et demeura penché ! — « De ta cîme fleurie
Relève les rameaux, puis tu feras jaillir
Le réservoir des eaux qui baignent ta racine. »
Le palmier obéit à cette voix divine.
Une source abondante arrose les gazons ;
On voit verdir les prés et fleurir les buissons.
Le cactus, au soleil, ouvre ses fleurs pourprées,
L'oiseau chante, le baume a des larmes ambrées.
Le désert se transforme en un céleste Eden.
Vers l'arbre hospitalier Jésus étend la main :
« Tu m'as donné, dit-il, tes fruits, l'eau qui s'épanche,
Pour te remercier, je veux que de ta branche,
Le jardin de mon Père aujourd'hui soit orné. »
Quiconque désormais triomphera sur terre,
De son feuillage d'or se verra couronné.

Or un blanc Séraphin éclatant de lumière,
Descendit de l'éther, et cueillit un rameau
Qu'il porta dans les Cieux, où l'arbre de prière
Fait éclore une palme à chaque élu nouveau.

LA GROTTE AUX SERPENTS

XXXIII

LA GROTTE AUX SERPENTS

Les divins voyageurs chantaient l'hymne d'exil,
Et quittaient en pleurant le Jourdain pour le Nil.
Quand ils eurent franchi les champs de Palestine
Où les fils d'Ismaël répandaient la famine,

Pour protéger la Vierge et l'enfant, le vieillard
Se joignit aux marchands qui, près du puits d'Agar
Abreuvant leurs chameaux se reposaient à l'ombre.
Jésus de leurs enfants vint augmenter le nombre,
Partageant l'eau de l'outre et le pain de maïs;
Bientôt pour le désert ils quittent l'oasis :

Le désert sans palmiers, sans abri, sans fontaines,
Où le mirage appelle à des sources lointaines
Qui s'éloignent sans fin. Là, plus de bengalis,
Plus d'aloës en fleur, de tentes aux longs plis,
De cèdres dans la nue allant cacher leur tête,
De grotte vénérée où demeure un prophète.
Du sable sous les pieds, du sable à l'horizon,
Une ligne de feu cernant une prison.
Le simoun embrasé dont l'haleine dévore,
Pour tous les pèlerins tarit l'eau de l'amphore;
Ils tombent, succombant à d'horribles douleurs,
Et le mancenillier les couvre de ses fleurs...
Des plaines de l'Iran les légers dromadaires
Portaient la caravane aux lointaines frontières,
Lorsqu'au pied d'un nopal, un mince filet d'eau
Attire tous les yeux. — On descend de nouveau,

Un gai repas leur donne une force nouvelle,
Et bientôt le sommeil clôt leurs yeux de son aile
Et les transporte au toit aimé de leurs aïeux.
Seuls les petits enfants ne dormaient pas. Leurs jeux
Les avaient entraînés dans une grotte sombre
Où de grands oiseaux noirs nichaient au sein de l'ombre.
Tout à coup retentit un sifflement aigu,
Et glacé de terreur, chaque enfant éperdu
Regarde s'avancer un serpent effroyable
Qui darde sur leurs yeux son œil impitoyable.
Dressant leurs cous mouvants, gonflés de noirs poisons,
Ils tracent derrière eux de tortueux sillons,
L'un près de l'autre, ensemble, ils s'allongent sur l'herbe;
Levant leur crête rouge avec un air superbe,
Sur leur pâle victime ils se sont élancés
Formant des nœuds étroits autour d'elle enlacés.
Comme dans un réseau leur chaîne l'emprisonne;
L'enfant infortuné que leur souffle empoisonne
Gémit, souffre, se tord dans d'horribles douleurs,
Et ne peut implorer le ciel que par ses pleurs.
Cédar épouvanté, témoin de sa souffrance,
S'agenouille, et rempli d'une sainte espérance,
Jette dans le désert le doux nom de Jésus...
Et le Sauveur paraît. Aux enfants éperdus
Il rend par un regard le courage et le calme.

*

Et cueillant au palmier solitaire une palme,
De ce rameau de paix il agite les airs;
Et les serpents surpris de trouver aux déserts
Un frein à leur courroux, lèvent en vain la tête;
Le Messie a parlé: « — Monstre, dit-il, arrête!
Il est dit que le fils de la femme viendra
Détruire ton empire, et qu'il t'écrasera
Dans les lieux où jadis ta première imposture
Des maux du genre humain a comblé la mesure.
Des pieds de ces enfans enlève tout venin
Et fuis... » Obéissant à cet ordre divin,
Et vaincus par ces mots, les énormes reptiles,
Sans bruit, tranquillement rentrent dans leurs asiles.
Jésus quitte la grotte. — Et ses jeunes amis,
Que le péril passé rend prudents et soumis,
Vont chercher le repos sur le sein de leur mère.
Et Jésus éleva son esprit vers son Père,
Jusqu'à l'heure où, quittant la margelle du puits,
La caravane prit la route de Memphis.

SOUVENIRS D'ENFANCE

Seigneur, vous avez renouvelé ma jeunesse, comme celle de l'aigle.

PSALMISTE

XXXIV

SOUVENIRS D'ENFANCE

Quand mon âme est en deuil, je retourne toujours
Vers mes jours printanniers, les plus beaux de mes jours !

I

J'habitais un couvent, asile solitaire,
Qui dominait la plaine et l'étroite rivière ;
Vaste enclos qu'entouraient d'énormes maronniers,
Que cernaient les massifs touffus des ébéniers,
Où le matin, pinsons, linots, bouvreuils, mésanges,
S'éveillaient en chantant des hymnes de louanges.
Jamais troënes blancs ni jasmins espagnols
N'ont caché tant de nids et plus de rossignols.
Autour du grand jardin c'était partout des haies,
Ou roses de leurs fleurs ou rouges de leurs baies ;
L'arbousier aux fruits d'or, le lierre aux grains de jais,
Le sorbier de corail, réunis en bosquets ;
Une vigne, au midi, couvrait toute la pente
Du côteau qu'arrosait un filet d'eau courante.
Puis s'étendaient les prés où des foins odorants
Cachaient la violette et les jaunes safrans ;
Des bois, où l'on cueillait pour l'autel de Marie
Le muguet, la pervenche et la mauve fleurie ;

De frais tapis de mousse, où, s'asseyant en rond,
On chantait les noëls de Saint-Pol-de-Léon.
Des ifs où, tous les ans, sous un ombrage austère,
Lorsque l'Ange de mai ramenait la prière,
On dressait un autel, champêtre reposoir,
Où toutes, sur deux rangs, nous nous rendions le soir
Offrir nos jeunes cœurs à la Reine des vierges.
Je vois, après dix ans, s'allumer tous nos cierges,
Nos voiles ondoyer sous la brise, et nos yeux
Regarder tour à tour la madone et les cieux.
J'entends des voix d'enfants, suaves, angéliques,
Redire en chœur les mots pieux des saints cantiques;
Les fleurs des acacias pleuvaient autour de nous;
Nous priions longuement, à voix basse, à genoux;
Le cœur gonflé de joie, et le front ceint de roses;
On eût dit, à nous voir dans ces naïves poses,
Des anges que le Christ au monde envoie un jour
Pour enseigner les lois de son divin amour.
Qui rendra ces bonheurs, ces chants, ces litanies,
Semant au fond des bois leurs syllabes bénies!
Et les petits oiseaux, sur le bord de leurs nids,
Pour saluer Jésus poussaient de joyeux cris.

L'on rentrait à la nuit, renfermant en silence

La tendre piété, la ferveur, l'innocence ;
Dans le cloître, frôlant les plis d'un voile noir,
Nous passions doucement pour aller au dortoir ;
Et dans nos lits, ornés de blanches draperies,
Sous les yeux maternels de gardiennes chéries,
Graves, et récitant le *Veni Creator*,
Nous sanctifiions l'heure où notre esprit s'endort.
Ainsi que des enfants enveloppés de langes,
Nos mères nous baisaient sur le front ; et les anges
Au pied de nos berceaux s'asseyaient jusqu'au jour,
Berçant notre repos avec des chants d'amour.
L'eau lustrale mouillait nos doigts ; — une veilleuse
Jetait autour de nous une lueur douteuse,
Comme un astre voilé d'un nuage. — En nos mains,
D'un chapelet d'argent nous repassions les grains ;
Sur notre sein dormait le pieux scapulaire ;
Le sommeil éteignait nos voix dans la prière,
Et calmes, dans la paix que verse le Seigneur,
Nous dormions en croisant nos bras sur notre cœur.

II

Et vous, que jusqu'ici ma voix n'a point nommée,

Fleur des doux souvenirs en mon âme enfermée;
Vous que, de loin, mon cœur appelle vainement,
Qui m'avez enseigné la science en m'aimant;
Qui seule, avez formé ma jeunesse inquiète,
Et m'avez faite ensemble et chrétienne et poëte,
Quand dans votre cellule, assise à vos genoux,
Vous me parliez le soir avec des mots si doux...
Oh! votre nom toujours fait tressaillir mon âme!
L'enfant revit encore aujourd'hui dans la femme.
Lorsqu'au pied de l'autel je répands ma ferveur,
Vous êtes près de moi! — sur les pieds du Sauveur,
Si je colle ma lèvre en priant à voix basse,
Vous baignez de vos pleurs cette croix que j'embrasse...
Au chœur, c'est votre accent qui vibre, chaque fois
Que dans la psalmodie on chante à demi-voix,
C'est vous, partout, toujours! — Ma jeunesse bénie
Se lève à votre nom riante et rajeunie!

III

Voulez-vous la connaître? — Elle avait de grands yeux,
Ceux des anges ne sont ni plus doux ni plus bleus.

Ses cheveux blonds, cachés sous un bandeau de toile,
Dénoués, dépassaient la longueur de son voile.
Sa taille haute, frêle, ainsi qu'un peuplier,
Au moindre choc du cœur semblait prête à plier.
Sa bouche était sereine et son sourire, grave,
Son accent était doux et d'un timbre suave,
Son cœur, que l'Esprit saint animait de son feu,
La rendait éloquente en nous parlant de Dieu,
Et réflétait parfois sur son pâle visage
De la béatitude une céleste image.
Quand auprès de l'autel je la trouvais, — souvent
Moi je la regardais sans prier; — et rêvant
Aux saintes qu'on nous dit avoir gardé l'empreinte
Du dard d'un Séraphin, de la Passion sainte.
Dans mon âme d'enfant, entre l'homme et le ciel
Elle était le lien, sur l'échelon mortel.

Pour la voir un instant passer et disparaître,
J'aurais, durant un jour, penchée à la fenêtre,
Epié le chemin entre les prés fleuris
Où je savais trouver ses sentiers favoris.
C'était moi qui portais les cahiers dans sa chambre;
— Sans feu, même au milieu des neiges de décembre,

A sa lampe de cuivre, écrivant ou lisant,
Elle me recevait d'un regard caressant;
Me grondait quelque fois pour paraître moins tendre,
Puis étanchait les pleurs qu'elle faisait répandre;
Et moi, tout éplorée et tout heureuse, — alors,
De son voile ma lèvre allait baiser les bords;
J'arrachais quelques fils à son cordon de laine;
Je partais recueillie et l'âme plus sereine,
Mes compagnes disaient : — Savez-vous ce qu'elle a?
Et je montrais mon cœur : le secret dormait là.....

IV

Le Dante, dans les chants tristes du Purgatoire,
Dit qu'un ange du ciel, revêtu d'une gloire,
Effaça de son front les signes du péché.
Lorsque ma mère avait béni mon front penché,
Comme Dante, j'étais tout à coup transformée,
Et d'un amour ardent me sentant consumée,
Je disais : — une place à l'ombre du saint lieu,
Une robe de bure, un voile, et puis un vœu !

V

Lorsque l'on entreprend une course lointaine,
On aime à s'arrêter au bord d'une fontaine;
A s'asseoir sur la mousse, au pied d'un frais bouleau,
Pour écouter le bruit léger des chutes d'eau,
Que le myosotis couvre de ses fleurs bleues.
De l'espace et du temps nous franchissons les lieues,
L'extase nous saisit; au fond de notre cœur
Une voix dit: « Bénis les œuvres du Seigneur! »
A la source du beau l'âme se désaltère;
On relève ses yeux attachés sur la terre
Vers celui qui créa les prés, les bois, les fleurs,
Qui mêla les parfums et choisit les couleurs.
Dans la création, l'Eternel invisible
A l'âme du chrétien, partout se rend sensible.
La nature est un voile: — il faut que notre main
Le soulève et pénètre un mystère divin.
Sitôt que nous l'avons entrevu, — la pensée,

Par la reconnaissance et l'amour embrasée,
Adore dans son œuvre un Dieu puissant et doux,
Qui, créant l'univers, ne l'a fait que pour nous.
On remonte vers lui par l'échelle des êtres;
Les insectes, les fleurs, les oiseaux sont nos maîtres,
Car des enseignements sont cachés dans les nids,
Les arbres, le ruisseau, l'abeille et les fourmis.
On s'arrête, on admire, on bénit... — Si l'on cueille
Autour d'un tronc noueux le léger chèvre-feuille,
Qui, faible, sait chercher un soutien; — comme lui
Dans les bras du Seigneur on place son appui.
On regarde l'oiseau, du bec lissant ses aîles,
On désire le suivre aux plaines éternelles,
En franchir les hauteurs, et l'on demande à Dieu
De nous donner l'élan des colombes de feu.
On écoute le bruit insaisissable, étrange,
Du silence des bois qu'effleure une aîle d'ange;
Vaste lyre qui vibre et fait monter aux cieux
L'hommage des forêts, temples mystérieux,
Que Jéhovah choisit les premiers sur la terre,
Pour recevoir l'encens, les dîmes de la terre.
Sous leur ombre sacrée, hommes reposez-vous,
Vous qui, las du chemin, tombez sur les genoux;
La nature a des dons, des trésors sans mesure,
Elle veut enrichir vos âmes. — Forte et pure,

De son lait maternel tous ceux qu'elle a nourris,
Du Bien, du Vrai, du Beau, se relèvent épris.
Venez ! — si vos regards sous cette voûte sombre
Ne reconnaissent pas l'astre éternel sans ombre,
L'automne accourt et fond sur les bois orgueilleux,
Les feuilles vont tomber : vous pourrez voir les Cieux.

Voyageurs sans pâtrie et menacés sans cesse
De perdre le bonheur, l'espoir ou la richesse,
Campés sous une tente, en un désert nouveau,
Et criant comme Agar pour avoir un peu d'eau,
Si nous voulons marcher longtemps, prenons haleine
Dans les sentiers fleuris, sous les pins, dans la plaine,
Déposons le bâton, la gourde, — et pèlerins,
Buvons l'eau du torrent dans le creux de nos mains.
Alors, d'un pas léger, le cœur libre de doute,
Avec plus de vigueur nous suivrons notre route.

VI

Ainsi, dans le chemin qu'en rêvant je parcours,

A l'ombre du passé je m'arrête toujours,
Dans les lieux où mon cœur a laissé ses pénates.
Je retrouve des noms, des vestiges, des dates,
Qui m'apportent encor l'espoir et le repos;
Je reprends mon enfance et mes premiers travaux;
Mon âme, chrysalide où dormait l'étincelle,
Vers la vertu, vers Dieu, s'élance à tire-d'aile.
Tant de fraîche jeunesse empêche de vieillir:
Comme une fleur des champs, je veux la recueillir...

VII

Dès que brillait l'aurore on se levait bien vite;
Les yeux demi fermés l'on prenait l'eau bénite.
On récitait tout haut les versets du dortoir,
Qu'au fond de ma mémoire il me semble savoir;
Puis, dans les escaliers descendant sans lumière,
Nous allions à l'église après notre prière.
Le prêtre sur l'autel posait la coupe d'or,
La Messe commençait par le *Confiteor*
Où l'âme s'humilie; — à genoux près des stalles

Où nos mères disaient les hymnes matinales;
Les yeux baissés, le livre appuyé sur le cœur,
Les mains jointes, et l'âme unie au Rédempteur,
Nos lèvres se taisaient dans le flot de prière
Qui s'élevait alors vers le saint sanctuaire.
Le chant du *Gloria*, la cloche du *Sanctus*,
Le moment de la cène où redescend Jésus;
Et la *Communion*, agape de mystère,
Où Dieu se fait le pain des enfants de la terre;
Le souvenir des *morts*, et l'*Ite missa est*,
Qu'on entendait avec un douloureux regret;
Ces bonheurs que le ciel nous verse à plein calice,
Qu'on ne goûte jamais, hors au saint sacrifice,
Je les ai savourés, dans un coin de ce chœur
Où j'ai laissé dix ans la moitié de mon cœur...

VIII

Maintenant, je connais la douleur et la joie,
Les ronces et les fleurs ont grandi sur ma voie;
Tour à tour, devant moi, comme pour les Hébreux,

La nuée était sombre ou brillait à mes yeux;
Il est, dans les plaisirs, moins de miel que d'absinthe...
J'ai vu que tout est faux, Seigneur, hors votre crainte !
Que tout remplit le cœur d'ennuis et de dégoûts,
Que pour être éternel, l'amour doit vivre en vous;
Et je veux vous aimer d'un amour sans partage,
Comme je vous aimais, Seigneur, dans mon jeune âge.

Quand mon âme est en deuil, je retourne toujours
Vers mes jours printaniers, les plus beaux de mes jours..

LE MAL DU CIEL

Dites à la fille de Sion : voilà ton Sauveur
sa récompense est avec lui.
Isaïe. lxii, v. ii.

XXXV

LE MAL DU CIEL

A Léonie M...

Tu souffres ! sur ton front la tristesse est empreinte ;
Une larme s'unit à ta prière sainte
Le soir, près de l'autel ;

Pour toi, le monde est vide, et ton âme altérée
A soif de s'abreuver à la source sacrée...
Pauvre ange, c'est le mal du ciel!

Si le captif redit les chants de sa patrie,
Des pleurs mouillent ses yeux, sa voix est attendrie,
Par un regret cruel;
Et toi, songeant sans cesse aux splendeurs éternelles,
Tu demandes à Dieu qu'il te rende tes ailes;
Pauvre ange, c'est le mal du Ciel!

Passereau tout meurtri des fers de l'esclavage
Tu reconnais de loin le vallon, le feuillage,
Et le nid paternel.
D'un paradis d'amour sur la terre exilée
Tu remplis de soupirs cette triste vallée,
Pauvre ange, c'est le mal du Ciel!

Hélas! tu ne devras rencontrer sur ta route

Que des ruisseaux taris, que les ronces du doute,
Pour ta lèvre le fiel...
C'est là notre destin! aux âmes virginales
Il faudrait les bonheurs des sphères idéales,
Pauvre ange, c'est le mal du Ciel!

Femme par la douleur, mais ange par ton âme,
Que le divin amour te consume et t'enflamme
Pour l'Epoux éternel;
Il saura te payer ce céleste martyre!
Il t'appelle, il t'attend et son cœur te désire..,
Seul il guérit le mal du Ciel!

LES DEUX ÉTENDARDS

I

Il y eut un grand combat dans le ciel : Michel et ses anges combattaient contre le grand dragon, et le dragon combattait avec ses anges.

Mais ceux-ci furent les plus faibles, et leur place ne se trouva plus dans le ciel et le grand dragon, l'ancien serpent appelé le Démon et Satan, qui séduit tout l'univers, fut précipité sur la terre, et ses anges avec lui.

Apocalypse, ch. xii, v. 7, 8, 9.

Elle est tombée, elle est tombée Babylone la grande ville, qui a fait boire à toutes les nations le vin de la colère et de sa prostitution

Apocalypse, ch. xiv, v. 8.

XXXVI

LES DEUX ETENDARDS

I

BABYLONE

En ce jour là, je vis les champs de Babylone,
Où l'archange du mal avait dressé son trône :

De superbes débris jonchaient l'herbe à ses pieds,
Des coupes, des flambeaux et des autels souillés
Qu'entouraient de leurs plis mille monstres difformes
Étayaient ses dégrés; — et deux arbres énormes,
Mancenilliers géants dont l'ombre fait mourir,
Croissaient au bord d'un puits qu'ils ne pouvaient couvrir.
L'obscurité des nuits, mais des nuits éternelles,
Régnait en cet endroit; — un cercle d'étincelles,
Auréole de feu dévorant jusqu'aux os,
Du front de Lucifer éclairait ce chaos.
Et sous cette lueur sinistre, horrible, étrange,
On cherchait vainement le passé de l'archange,
Il ne restait plus rien que ce signe : — maudit !

De douleur et d'effroi tout mon corps tressaillit,
Et j'aurais voulu fuir la vision fatale,
Quand une voix me dit : — regarde !

une cavale,
Que suivaient deux dragons ailés, vint d'Occident,

Portant un noir esprit armé de son trident.
Il cria : — Lucifer, j'amène les cohortes ;
Les lacs de feu passés, j'ai refermé les portes ;
Tes ministres sont là, devant toi prosternés :
Qu'ordonnes-tu, Seigneur, à tes nombreux damnés ?
Je vis Satan sourire... — En ce moment un groupe
Formé d'anges méchants prit une vaste coupe,
La remplit du poison de l'orgueil, et cria :
Versons-la sur le monde ! et Satan lui dit : va !

Un démon familier, au visage de femme,
Masquant sous de beaux traits la hideur de son âme,
Vint à son tour ; — Satan lui remit un miroir
— Que la vierge ait, dit-il, du plaisir à s'y voir !
Qu'elle aime sa beauté, qu'elle en soit orgueilleuse ;
Flatte tous ses instincts : que coquette, envieuse
Elle rapporte à soi tout ce qui fut créé ;
Vante-lui le plaisir qu'elle n'a pas goûté ;
Dérobe les remords sous l'aspect de la joie :
Ne montre que des fleurs sur une large voie ;
C'est un butin facile et prompt à conquérir
Que la femme ! à sa perte elle est prête à courir !
Et l'esprit disparut...

Le troisième en partage
Eut un bandeau royal, la robe du faux sage.
Il devait tour à tour abuser les mortels,
Changer leurs lois, leurs mœurs, renverser les autels;
Ouvrir aux passions des peuples leurs écluses;
Pour rompre l'unité, multiplier ses ruses,
Jeter trône sur trône, et ne laisser partout
Que la division et la guerre debout.

Et les autres esprits de classe inférieure
Reçurent leurs emplois : l'un devait à toute heure
Dans les villes prêcher le luxe et les plaisirs;
L'autre, des paysans corrompre les loisirs;
Celui-ci, des enfants rendant l'âme indocile,
Allait fermer leur cœur au céleste Evangile.
Il fallait, à l'épouse, en des livres pervers,
Inspirer le désir de secouer ses fers,
De braver le devoir qui la fait honorée,
De rompre de l'hymen la promesse sacrée,
Même de renier mari, famille, enfants.....

Celui-là, présenter sous des traits séduisants
Pour le vice effronté, pour les plus viles choses,
Des triomphes abjects et des apothéoses !
Enseigner le mépris de Dieu, de la vertu !

Et Satan ajouta : — sous nos coups, abattu,
Que le Nazaréen rentre enfin dans la poudre,
Vantez le vin et l'or, en dépit de sa foudre.
Que le juste et l'injuste ensemble confondus
Déciment les troupeaux du bercail de Jésus.
Egarez, égarez le génie en sa route ,
Soufflez-lui la révolte avec l'esprit de doute;
Qu'il menace le ciel de son front ennemi.
Coupable, et sans remords, dans son crime affermi,
Des orages du cœur qu'il devienne un exemple :
Qu'il méconnaisse Dieu, même en chantant son temple !
Que les dons les plus beaux, dont il fut prévenu,
Ne lui révèlent pas un pouvoir méconnu.
Qu'il consacre à l'erreur les forces du génie !
Tracez lui ses sentiers et dominez sa vie ,
Que l'orgueil sur son front mette un cercle de fer.
Qu'il tombe un jour, vivant, aux mains de Lucifer,
Météore brillant balayé dans l'espace
Qu'il trouve parmi nous sa véritable place.

Et toi, qui dois garder les crayons, les pinceaux,
Les lyres, les chansons, les burins, les ciseaux,
Suis un ordre semblable, et que nul n'y résiste.
Dans l'art païen attire, emprisonne l'artiste.
Que nos divinités, figures de l'erreur,
Corrompent ses pensers et dépravent son cœur;
Reporte ses regards sur les groupes d'albâtre
Qu'adora si longtemps le romain idolâtre.
Que les chants qui devaient louer le créateur
Vantent la créature, et bravent la pudeur!
Dans les cirques, les jeux, que le démon secoue
Les fleurs dont le poison se mûrit à Capoue.
Partez, livrez au vent, escadrons ténébreux,
Cet étendard, brillant de mes sinistres feux,
Drapeau noir, plus mortel que celui qu'on arbore
Dans les cités en deuil que la peste dévore.
Allez! de l'Est au Nord, du Couchant au Midi,
Répétez ce signal par l'Enfer applaudi:
Orgueil! Luxure! Envie! Avarice! Paresse!
Gourmandise et Colère! — Hâtez-vous le temps presse.

Et le front de Satan, d'un nuage couvert,
Devint plus sombre encor que la nuit de l'enfer,

Et j'entendis sortir du grand puits de l'abîme
Les voix des nations que son pouvoir opprime.
Et leurs cris, leurs sanglots, leurs grincements de dents
Plongèrent mon esprit dans de nouveaux tourments,
Mon âme succombait à ce spectacle horrible...
Sur un signe de l'ange à ma droite visible,
Dans le gouffre béant, Lucifer s'abima,
Et le puits des damnés soudain se referma...

LES DEUX ÉTENDARDS

II

Heureux et saint est celui qui a part à la première résurrection; la seconde mort n'aura point de pouvoir sur eux, mais ils seront apôtres de Dieu et de Jésus-Christ.

Apoc. c. xx, v. c.

XXXVII

LES DEUX ÉTENDARDS

II

JÉRUSALEM

Près de Jérusalem, dans un bois d'oliviers,
Jésus a réuni ses disciples premiers.

Le Christ assis au pied d'un arbre séculaire,
De ses plus doux regards enveloppe la terre.
La Vierge est à sa droite ; autour de lui, l'on voit
Jean au cœur enflammé, Pierre au cœur fort et droit.
La Colombe de feu sur eux étend ses aîles ;
Debout, les trois Marie ; et, groupés non loin d'elles,
Les pêcheurs, qui pour lui laissèrent leurs filets,
Et semblent à le suivre en ce moment tout prêts ;
Marc, Luc, André, Matthieu, les fils de Zébédée
Se rangent gravement...

la plaine est inondée
Des lueurs du soleil qui monte à l'Orient ;
L'aspect de la campagne est serein et riant,
Et le bruit de Cédron qu'on entend à distance,
Rappelle seul la nuit d'angoisse et de souffrance.

Calme de la nature, et saint repos du cœur,
Vous êtes l'avant-goût du céleste bonheur !

Se voilant aux regards, du haut de l'empyrée
Descend près de Jésus la phalange sacrée:
Les brûlants Séraphins, les Trônes immortels,
Les Vertus, présidant aux œuvres des mortels,
Les Dominations, les suprêmes Puissances,
Et les Anges, chargés d'adoucir nos souffrances,
Adorent, en tremblant, la sainte Humanité
Du Verbe né du Père avant l'Eternité.
L'auguste Trinité, dans sa gloire infinie,
Regarde le Sauveur dont l'œuvre est accomplie;
Absorbé dans l'amour de son Père, il se tait;
Ce silence divin, la foule l'adorait...
Jésus-Christ se recueille et leur dit: — voici l'heure
Où je vais retourner vers mon autre demeure;
Mon cœur vous a choisis dès le commencement,
Et je vous l'ai prouvé jusqu'au dernier moment.
Soyez dignes du maître, ô bien-aimés apôtres!
Mes enfants, aimez-vous toujours les uns les autres...
Des préceptes divins c'est le mot le plus doux;
Comme je vous aimai, mes enfants, aimez-vous!
De mes commandements conservez la mémoire:
Ce que vous avez cru, le monde doit le croire.
Mon père m'envoya glorifier son nom,

Glorifiez le mien par l'amour, le pardon,
Ce que vous déliez mon Père le délie;
Que la douceur, en vous, à la force s'allie.
Soyez humbles; un jour, je bénis un enfant,
Et je vous le donnai comme exemple vivant;
Estimez-vous toujours les derniers en ce monde,
Sur le mépris de soi le vrai calme se fonde.
La persécution commencera pour vous,
Bravez de vos tyrans la menace et les coups.
Jamais le serviteur n'est plus grand que le maître;
Et pour vous racheter de l'enfer, je dus naître,
Vivre, souffrir, enfin expirer sur la croix.
Entre le monde et moi vous avez fait un choix,
Suivez-le vaillamment, je vous marque à mon signe.
Je suis le vigneron et vous êtes ma vigne,
Vous devez rapporter pour le ciel des fruits mûrs.

Bienheureux les cœurs doux, bienheureux les cœurs purs !
Heureux celui qui souffre au nom de la justice,
Que de ma volonté son âme se nourrisse;
Heureux qui, chaque jour de pain n'a pas sa part;
Heureux celui qui voit le vrai terme au départ.
Heureux celui qui pleure; heureux celui qui lutte;
Heureux l'homme de bien qu'un méchant persécute.

En vérité, malgré mille tourments divers,
Poursuivis, dispersés aux bouts de l'univers,
Vous goûterez la paix! Non point la paix du monde
Qui sur la vanité de faux plaisirs se fonde;
Mais la paix de mon Père et celle de son Christ,
Que répandra bientôt sur vous le Saint-Esprit.
Chaque fois qu'à l'autel s'élèvera l'hostie,
Unissez votre cœur et n'ayez qu'une vie;
Dans le jeûne gardez des visages contents.
Remettez à chacun son fardeau; — je défends
Qu'on offre le calice et le pain de la cène,
Sans avoir déposé le levain de la haîne.
Souvenez-vous alors, mes disciples chéris,
Qu'en mourant j'ai prié pour tous mes ennemis.

Femmes, je vous réserve une part de victoire;
Le combat sera court, éternelle est la gloire!
L'apôtre a l'Evangile, il le doit expliquer:
Sous les yeux de l'impie allez le pratiquer.
De la virginité consacrez les couronnes;
Sous les toits indigents dispensez les aumônes;

Près des lits d'agonie inclinez votre front;
Formez à la vertu les fils qui vous naîtront.
A vous l'apostolat sacré de la famille!
Le cœur de l'homme enfant et de la jeune fille,
L'esprit de vos époux et l'âme du vieillard;
Oh! de ma mission pour vous large est la part!
Grande doit être un jour aussi la récompense:
Madeleine, au désert prêche la pénitence;
Marthe, la vie active a son modèle en toi;
Femme de Cléophas, conservez votre foi.
Vous, tendre Salomé, sur la moindre blessure
Allez verser le vin, le baume et l'huile pure;
Ma Mère m'imita: sur terre, à votre tour,
Imitez ses vertus et surtout son amour.

La clef de mes trésors, Pierre vous est remise;
Conduisez tout mon peuple à la terre Promise.
Quand vous demanderez quelque chose en mon nom,
Mon Père, à votre foi promet d'en faire don.
N'ayez point ici-bas de cité permanente,
Et dressez chaque soir pour la nuit votre tente;
Gardez toujours votre âme en la paix du Seigneur,
Avec la patience on possède son cœur.

Mon Père, où je serai moi-même, je désire
Retrouver ceux qui m'ont aimé... Pour les instruire
Hâtez-vous d'envoyer l'Esprit Consolateur,
Votre esprit de conseil, de force et de ferveur,

Amis, frères, soldats, qu'à ma croix je rallie,
Arborez l'étendard nouveau que je déplie : —
Pénitence, sagesse, espoir, humilité,
Crainte de Dieu, science, amour et chasteté !
Allez donc sans retard enseigner mes doctrines,
Et rendre témoignage aux paroles divines.
Chez les peuples assis à l'ombre de la mort,
Répandez de la foi le précieux trésor :
Celui qui vous écoute aura part à mes grâces!
Adieu... je vais au Ciel vous préparer des places.

Et d'un nuage d'or s'entourant à leurs yeux,
Le Sauveur les bénit et monta dans les Cieux.

FIN.

NOTES

NOTES

SUR LES LÉGENDES

I

LA VIERGE AU DÉSERT

PAGE 31

Jésus, par ses baisers, vient rassurer sa mère,
Il écoute, attentif, assis sur ses genoux,
L'histoire du lion, et se montre jaloux
De lui prouver sa joie et sa reconnaissance ;
Pour jouer avec lui sur son dos il s'élance,

De ses bras enfantins il lui fait un collier,
Mêlant ses blonds cheveux à la fauve crinière
Il commande en riant au docile coursier.

« Le lion s'assemblera avec le tigre et le léopard, et un petit enfant » les conduira par la main, comme un berger fait ses agneaux. »

Isaïe.

II

LES DEUX LARRONS

PAGE 45

Le plus jeune s'émeut : épargnons-nous un crime. . .
Ils sont trop malheureux !

Lors du massacre des Innocents, le fils d'Hérode, mis à la place d'un enfant esclave, se trouva compris dans l'arrêt d'une justice sans appel.

Marie et Joseph s'enfuirent en Egypte. Pendant le voyage ils furent attaqués par des voleurs. L'un d'eux défendit Jésus contre son complice, et paya trente deniers pour sa rançon.

« Il faisait sombre ; ils cheminaient le long d'un bois, la route était
» difficile et coupée de fossés ; des voleurs habitaient les cabanes élevées
» dans ce lieu, et le chef et ses compagnons attaquèrent la sainte Famille...

» Je vis partir de l'enfant Jésus un rayon de lumière qui perça comme
» un trait le cœur du brigand.

» Le voleur prit congé de la sainte Famille avec une grande émotion,
» et dit d'une manière expressive : — souvenez-vous de moi, en quelque
» lieu que vous alliez. »

(*Révélations de Catherine Emmerich.*)

Les légendaires et les apocryphes ne s'accordent pas sur le nom des deux larrons : selon quelques-uns ils s'appellent Dismas et Gesmas ; selon d'autres Titus et Damachus ; un dernier les nomme Matha et Jocas. Dans les manuscrits du moyen-âge et le théâtre du savant docteur Michel, évêque d'Angers, le nom de Dismas est conservé.

....La main de la justice
Elevait des gibets pour un triple supplice.

« Ils crucifièrent avec lui deux voleurs, l'un à sa droite, l'autre à sa
» gauche.

*

» Ainsi fut accomplie cette parole de l'Ecriture : il a été mis au rang
» des scélérats. »

(*Saint-Marc*, ch. xv, v. 27, 28.)

Et le Christ répondit : dans le sein de mon Père,
Avant la fin du jour tu seras avec moi.

« Et il disait à Jésus : — Seigneur, souvenez-vous de moi, lorsque vous
» serez arrivé dans votre royaume. Jésus lui répondit : — Je te le dis en
» vérité, aujourd'hui tu seras avec moi dans le paradis. »

(*Saint-Luc*, chap. xxiii, v. 42, 43.)

III

LE SOMMEIL DE JÉSUS ENFANT

PAGE 57

Elle filait pour lui cette robe divine
Qui devait se rougir du sang de sa poitrine
Quand le Juif l'arracha pour la jeter au sort.

Cette robe sans couture, tissée par la Vierge, remplit un très-grand rôle dans les Légendes. L'auteur du *Mystère de la Vengeance de Notre-Seigneur,* dit que jouée sur un coup de dé, elle tomba dans les mains de Métellus, qui la porta sur lui comme un talisman; rendue aux disciples, elle devint l'objet d'un culte pieux et se conserve encore à Argenteuil.

....Et Dieu sut tout ce qu'elle endura....

Dans un *Mystère* représenté à Metz, en 1437, Jésus dit à Notre-Dame :

Soyez forte, car oncques femme
Ne souffrit tant que vous ferez.

IV

LA SIBYLLE

PAGE 71

.....Seul dans la grande salle
Qui porte jusqu'au ciel sa voûte colossale,

Et dont chaque colonne est faite avec l'airain
Des dépouilles d'Actium.....

Deux des colonnes qui supportaient la voûte de l'édifice étaient faites avec les éperons des vaisseaux d'Antoine. Juvénal parle du *Temple de la Paix perpétuelle* qui s'écroula à minuit, au moment de la naissance du Messie. — Boccace fait mention du temps où le peuple et le Sénat voulurent déifier Auguste. — Térence raconte que la Sibylle de Cumes, consultée par Octave, lui montra dans le ciel une Vierge lumineuse tenant un enfant dans ses bras.

L'église d'Ara-Cœli fut bâtie sur l'emplacement de la salle dans laquelle Octave avait interrogé la pythonisse.

La croyance qu'une Vierge enfanterait un fils, était générale à cette époque: saint Epiphane, dans son livre sur la *Vie des Prophètes*, dit de Jérémie : — « Ce prophète donna un signe aux Egyptiens, et leur annonça que leurs idoles tomberaient en morceaux quand une Vierge-mère et son enfant divin entreraient en Egypte. » Et cela arriva ainsi.

C'est pourquoi, encore aujourd'hui, ils adorent une Vierge-mère et un enfant couché dans une crèche. Quand le roi Ptolémée leur en demanda la cause, ils répondirent : c'est un mystère que nous avons reçu de nos pères, auxquels il avait été annoncé par un saint prophète, et nous en attendons l'accomplissement.

(*Epiphan.*, t. II, p. 240.)

A Rome, une statue de Jupiter fut réduite en poudre dans un temple dont la voûte s'écroula. Les prêtres, effrayés, invoquèrent Vénus pour avoir l'explication de ce prodige, elle répondit : « ceci est arrivé parce qu'une Vierge a conçu un fils sans cesser d'être vierge, et qu'elle vient de le mettre au monde.

Sainte-Marie, au-delà du Tibre, porte aussi le nom de *Sancta Maria in fonte olei*, par suite d'une antique tradition qui raconte qu'une fontaine d'huile jaillit miraculeusement de terre à l'heure de la naissance de Jésus.

Près de la tour d'Eder, sous un chaume modeste....

L'étable était proche de la tour d'Eder ; autrefois, dans ce lieu, Jacob avait fait paître ses troupeaux.

Dans la vallée des Bergers, à une lieue et demie environ de la grotte de la crèche, s'élevait une colline couverte de vignes et qui s'étendaient jusqu'à Gaza. — A cette colline étaient adossées les cabanes des chefs des pasteurs, et à une distance double se dressait la tour d'Eder ; les bergers avaient là des veilleurs pour surveiller la marche des troupeaux.

V

L'ÉPI DE LA VIERGE

PAGE 86

Joseph arrive, et pose à terre un soc aigu.

On conserve encore des socs de charrue attribués à Saint-Joseph, et qui sont en Judée l'objet d'une grande vénération.

Un légendaire a dit de la sainte Famille :

« Ils vivaient pauvrement et simplement de ce que la Vierge filait,
» tissait et cousait : il n'y avait femme au monde qui si bien filait, ni fît
» si bien quelque chose appartenant à la femme, quelle faisait. Le bon-
» homme Joseph besognait et charpentait toujours ; car, nonobstant qu'il
» fût vieux, s'y faisait-il toujours ce qu'il pouvait pour vivre. »

De fleurs d'arthémitha les murs sont recouverts.

Cette fleur, que nous appelons généralement *Cyclamen*, était sans parfum, et la tradition raconte que Marie, ayant posé sa main sur l'une d'elles, une suave odeur s'en exhala et lui est restée depuis.

VI

JUDAS ENFANT

PAGE 110

Cyborée était calme...

« Il y avait à Jérusalem un homme nommé Ruben, et une femme appelée
» Cyborée, parents de Judas le *trahiste*.

(*Mystère de la passion de Notre-Seigneur.*)

VII

LE PORTRAIT DE MARIE

PAGE 105

On conserve encore le portrait de la Vierge peint à l'encaustique par saint Luc. C'est devant cette pieuse image que j'essayai de traduire par la poésie ce que devina le pinceau de Raphaël. Mais l'Esprit-Saint a épuisé toute louange pour Marie, et l'on ne peut que dire avec Salomon :

Que tu es belle, ô ma bien-aimée ! que tu es belle ! tes yeux sont les yeux de la colombe, ils brillent à travers ton voile ;

Tes lèvres sont le rayon qui distille le miel ;

Comme le lis entre les épines, ainsi ma bien-aimée s'élève au-dessus des jeunes filles.

Quelle est celle-ci qui s'avance comme l'aurore à son lever, belle comme la lune, brillante comme le soleil, terrible comme une armée rangée en bataille, hors de ses tentes ;

Que tu es belle, que tu es ravissante, délices de mon âme !

Ta stature est celle du palmier, ton cou égale la blancheur de l'ivoire, tes yeux sont purs comme les fontaines d'Hébéson, tes lèvres sont comme une bandelette de pourpre, tes joues sont comme la grenade, que tu es belle, ma bien-aimée, aucune tache n'est en toi !

(*Cant. Cant.*)

La tradition raconte qu'Abgarre, roi d'Iran, envoya en Judée son peintre Edesse, afin d'avoir le portrait de Marie, dont la réputation de vertu et de beauté était arrivée jusqu'à lui. Peut-être les Mages, de retour en Orient, avaient-ils raconté les merveilles dont ils furent témoins dans la grotte de Bethléem, et leurs récits firent naître ce souhait dans l'âme du souverain de la Perse. On ne dit pas ce que devint cette image de la Vierge et de son divin fils.

VIII

LES PASSEREAUX

PAGE 161

...Et s'étonnent de voir l'apprenti charpentier.

Joseph enseigna à Jésus l'humble métier qu'il exerçait pour vivre. — L'époux de Marie l'avait appris dans la ville de Lebonah, sur le versant méridional du mont Garizim, au nord de Silo ; elle est citée dans le livre des Juges :

« Ils prirent donc cette résolution entr'eux, et ils dirent aux enfants de
» Benjamin : voici la fête solennelle du Seigneur qui se célèbre tous les
» ans à Silo, qui est située au nord de la ville de Béthel, et à l'orient du
» chemin qui va de Béthel à Sichem, et au midi de la ville de Lebonah.

(*Juges*, XXI, 15.)

— Plus tard, il travailla à Thaanach, près de Megiddo, au bord du Kison qui se jette dans la mer. Cette ville n'est pas éloignée d'Aphéké, où naquit l'apôtre saint Thomas ; enfin il demeura près du lac de Tibériade, jusqu'à l'époque où il épousa Marie et se fixa avec elle à Nazareth.

A Matharieth, petite bourgade d'Egypte, où il habita pendant les sept années d'exil qui précédèrent la mort d'Hérode, il continua ses obscurs travaux.

TABLE

TABLE DES MATIÈRES

DÉDICACE.— A LA MÉMOIRE DE MONSEIGNEUR DOMINIQUE GALVANO, ÉVÊQUE DE NICE 5
A MES LECTEURS 7

LA CRÈCHE ET LA CROIX 17
LE CREDO DE LA DOULEUR 23
LA VIERGE AU DÉSERT 31
LA CHARITÉ 38
LES DEUX LARRONS 43
L'ANGE QUE J'ATTENDS 52

LE SOMMEIL DE L'ENFANT JÉSUS.

LE FIL DE LA VIERGE.

LA ROSE DU CALVAIRE.

LA SIBYLLE.

LES LARMES.

L'ÉPI DE LA VIERGE.

UN COMPAGNON.

LES ANGES DE BÉTHLÉEM.

PORTRAIT DE MARIE.

JUDAS ENFANT.

LA SOLITUDE.

L'HIRONDELLE.

C'EST DEMAIN.

LE NID DE TOURTERELLES.

PRÈS D'UN ROSIER.

LE PÉLICAN.

MA CELLULE.

LES PASSEREAUX.

LES ARÈNES D'ARLES.

LA VIERGE DANS L'EDEN.

LE ROSAIRE.

LES LITANIES.

LES LEÇONS DE LA NATURE.

LA BREBIS ÉGARÉE.

EX-VOTO.

L'ORPHELINAT DE PRÉMONTRÉ 209
LE PALMIER 217
LA GROTTE AUX SERPENTS 223
SOUVENIRS D'ENFANCE 229
LE MAL DU CIEL 245
LES DEUX ÉTENDARDS ....
BABYLONE 251
JÉRUSALEM 261

NOTES 271

METZ. — IMP. M. ALCAN.

www.ingramcontent.com/pod-product-compliance
Lightning Source LLC
LaVergne TN
LVHW010546110826
845149LV00003B/576

* 9 7 8 2 0 1 9 1 9 7 8 6 5 *